人往低处走

《老子》天下第一

李 零 著

家们的经典

生活·讀書·新知 三联书店

Copyright © 2014 by SDX Joint Publishing Company.
All Rights Reserved.

本作品版权由生活·读书·新知三联书店所有。
未经许可，不得翻印。

图书在版编目（CIP）数据

我们的经典／李零著．—北京：
生活·读书·新知三联书店，2014.1　（2024.9重印）
ISBN 978－7－108－04625－3

Ⅰ．①我…　Ⅱ．①李…　Ⅲ．①《论语》－研究②《老子》－研究③《孙子》－研究④《周易》－研究　Ⅳ．① B220.5 ② E892.25

中国版本图书馆 CIP 数据核字（2013）第 171305 号

书名题签　李零

老子像，北魏延昌四年（515年）
日本大阪市立美术馆藏

题　　辞

　　小孩的问题：我们从哪儿来？妈妈的回答是肚子——妈妈的肚子。她不敢说，那个皮囊的出口叫什么。说了他也不懂。

　　人一出生，就被派定角色，还没化装就匆忙登场，剧情没人知道。
　　一拨人上去了，一拨人又下来了……
　　谁是导演？

　　天会掉下来吗？地会陷下去吗？星星会砸着我们的脑袋吗？有人爱操这个心。

　　问题都是老问题：
　　小孩都归大人管，大人都归领导（过去叫帝王）管，领导都归老天管。老天又归谁来管？
　　答案是老天他妈，老天他妈的肚子。

目　录

自　序 001
写在前面的话 001

上篇　道经部分 021

第一章 .... 023　　　第十二章 056
第二章 .... 028　　　第十三章 059
第三章 .... 032　　　第十四章 062
第四章 .... 034　　　第十五章 065
第五章 .... 036　　　第十六章 068
第六章 .... 039　　　第十七章 070
第七章 .... 043　　　第十八章 072
第八章 .... 045　　　第十九章 074
第九章 .... 047　　　第二十章 077
第十章 .... 049　　　第二十一章 082
第十一章 .... 054　　　第二十二章 085

第二十三章 ………… 087
第二十四章 ………… 089
第二十五章 ………… 091
第二十六章 ………… 093
第二十七章 ………… 095
第二十八章 ………… 098
第二十九章 ………… 101
第三十章 ………… 103

第三十一章 ………… 106
第三十二章 ………… 111
第三十三章 ………… 114
第三十四章 ………… 116
第三十五章 ………… 118
第三十六章 ………… 120
第三十七章 ………… 122

下篇 德经部分 ………… 125

第三十八章 ………… 127
第三十九章 ………… 135
第四十章 ………… 138
第四十一章 ………… 141
第四十二章 ………… 143
第四十三章 ………… 146
第四十四章 ………… 148
第四十五章 ………… 149
第四十六章 ………… 151
第四十七章 ………… 153
第四十八章 ………… 155
第四十九章 ………… 157

第五十章 ………… 159
第五十一章 ………… 162
第五十二章 ………… 164
第五十三章 ………… 167
第五十四章 ………… 170
第五十五章 ………… 173
第五十六章 ………… 177
第五十七章 ………… 179
第五十八章 ………… 182
第五十九章 ………… 185
第六十章 ………… 187
第六十一章 ………… 189

第六十二章……192	第七十二章……219
第六十三章……195	第七十三章……221
第六十四章……198	第七十四章……223
第六十五章……201	第七十五章……225
第六十六章……204	第七十六章……227
第六十七章……206	第七十七章……229
第六十八章……209	第七十八章……232
第六十九章……211	第七十九章……234
第七十章……214	第八十章……236
第七十一章……216	第八十一章……238

附　录……241

　　附录一　老子传记资料……243

　　附录二　《韩非子》的《解老》、《喻老》篇……264

自　序

我对《老子》的兴趣，萌发比较早，持续比较长。回想一下，第一次接触《老子》，在什么时候？我记得，是在高中一年级。

初中三年，后两年，特别是最后一年，我的兴趣是背古诗，梦想学会写古诗，还有一手好文章。十五六岁，我犯了错误，在闭门思过，不是躲在家里，而是躲在心里，我和我——从前的我，简直判若两人。

上了高中，和我一起作诗的朋友不再和我来往。他读过斯诺写的毛主席的生平，雄心壮志不能已，他说，他要争取入团，不愿与我为伍，继续消极无为，堕落下去。

有一天，我的另一个朋友，非常淘气，其淘不让于我的张木生（现在是领导干部），多日不见，在路上撞见。我问他在干什么？他手执一卷书，居然说，他在读哲学，把我吓了一跳。

他挑衅地问，你懂哲学吗？诡秘的笑，挂在嘴角。

这句话在我脑子里响了很久。

我不服。

从此，我开始偷偷寻找一切带"哲学"二字的书，希望拿出点证明给他看。哲学，当然特外国，但中国的东西也不能少。当时我更好古。

我在暗地里使劲儿，包括读《老子》。我是把它当哲学书。

那阵儿，我记得，围绕《老子》，关锋和任继愈在吵架，关同志的气好像更粗。

插队期间，有段时间，我也迷哲学，甚至发过愿，要学德语。

有年冬天，我的朋友肖漫子带我去看杨一之，我向杨先生请教，居然提出要求，我想跟他学德语。他答应了，定下日期。

可是，糟糕的是，我跟别人打篮球，打得昏头昏脑，居然把日子给忘了。想起来，实在不好意思。那时谁家都没电话。我连个道歉都没说，也不敢登门去说。

那阵儿，有个年轻人，陈嘉映，倒是在攻哲学，而且好像学了德语，很多年后，风入松开张，我们又见面。当年，我去过他家，希望与他亲近。

我记得，他们兄弟几个，敢在楼顶四边的短墙上走路。

后来，他成了哲学家，我和哲学无缘。

不过，《老子》还是留在了我的心中。插队的时候，我读过一点研究《老子》的书，印象最深有四本，其中三本还在我的书架上，一本是高亨的《老子正诂》，一本是马叙伦的《老子校诂》，一本是任继愈的《老子今译》，还有一本是王重民的《老子考》。最后一本，我是跟别人借的。

比如，"'牝'是一切动物的母性生殖器官。'玄牝'是象征着深远的、看不见的生产万物的生殖器官"，就是任先生所明示，我牢牢记在心里。此书有修订版，最新一版叫《老子绎读》，上面还有这段话。

朱熹的暗示，牝是有个窟窿就可以插棍的东西，比如门闩和门闩孔，钥匙和锁子眼，就是这种关系，我也是听任先生讲。

1973年，马王堆三号汉墓出土的帛书本《老子》，对我很重要。这是一个不大不小的冲击，比银雀山汉简《孙子兵法》小，比其他书大。

我没见过高亨，见过池曦朝。他们讨论《道经》、《德经》孰先孰后的文章，给我留下深刻印象。这个问题，一直有争论。

还有，翟青的文章，《〈老子〉是一部兵书》，据说是传达毛主席的意思，也是跟着这一发现才登出来。《老子》是不是兵书，也是很有意思的问题。

那时的人并不傻，傻的是政治气氛，跟政治跑的气氛。

当时的学术骨干，现在也是学术骨干，而且是元老。

研究马王堆帛书《老子》，高明老师是我的好老师。他的《帛书老子校注》，是替我们读书。读他的书，可以省去很多翻检之劳，留下工夫去思考。

1998年，郭店楚简《老子》发表，我参加过最初的讨论，包括达特茅斯会议、达园宾馆会议。我的《郭店楚简校读记》就是参加讨论的结果，其中也包括《老子》。

我是学古文字的。文字考订，对我来说，是最基础的东西，但不是最重要的东西。我更关心的是思想内容。

我不同意，郭店楚简的儒书证明了宋明道统，它们都是子思学派的著作。

我也不同意，郭店楚简《老子》证明了儒、道原来是一家。

《老子》是我非常喜欢的书。我喜欢它睿智深刻，篇幅很短，意境很深，特别是其消极无为、飘然出世，被庄子发挥的一面。

老子和孔子不同，精神气质，更像《微子》篇中的隐士和逸民。隐士和逸民，有三大类型，死磕、逃跑和装疯卖傻。第一类最高洁，最难学，所以没人学。要学全是后两类。读《世说新语》，读《儒林外史》，我们要知道，中国的知识分子，一直有这种人文幻想。老子特能放下。放下的精神不属于儒家。

俗话说，"人往高处走，水往低处流"。《老子》正好相反，它强调的是作"天下谷"、"天下溪"、"天下之牝"，甘居下流，不争上游（第28和第61章）。司马谈说，道家的特点是"去健羡，绌聪明"（《史记·太史公自序》引《六家要指》），什么贵柔贵弱好像水呀，什么要当女人、小孩呀，全是本着这种精神。

在这方面，它是天下第一。

《老子》给人神秘感。很多人迷的就是这种神秘感（包括西方读者），但我们不必把它神秘化。

《老子》的另一面是帝王术。它也提倡复古，它也崇拜圣人，它也主张愚民，念念不忘天下。愚民的伎俩更狡猾，也更高明。它的"道"，更像一只看不见的手。韩非迷的是这只手。

大家别忘了。

2007年12月8日写于北京蓝旗营寓所

写在前面的话

《老子》很有意思，形式上、内容上、叙述逻辑上、文学手法上，都很有特点。这些特点是什么？我一直在想，从中学时代就想，想到今天，也没完全参透。这里试做总结，供大家参考。

老子像条龙

古书讲老子，以《庄子》最多（参看附录一）。《庄子》讲老子，把老子说成老师，孔子说成学生。老把他俩搁一块儿，抬老子，贬孔子。司马迁作《史记·老子韩非列传》，不敢大量引用这类半文学、半想象的故事，但离开这些故事，他又没什么可讲。这是他的为难之处。

司马迁讲孔子，有很多故事，可以排年谱，一年一年往下讲，弟子也有名有姓，一列一大串，篇幅相当可观。但他讲老子，三位老子加一块儿，才435字（含重文7字），老聃只有236字（含重文2字），要年没年，要事没事，根本没法跟孔子比。讲弟子，也只有一个关尹喜。老子的形象很模糊，令人虚实难辨。

道家爱玩神秘感。什么都一清二楚，也就没有神秘感。让他虚着点，更有美学效果。

读《老子韩非列传》，有什么重点，我跟大家讲一下。

（1）老子是个老寿星

俗话说，不听老人言，吃亏在眼前。中国传统，敬老爱老，对故老传闻和他们的教训特别重视。老子叫老子，不是因为他姓老，以老为氏，而是因为他活得长，是古代有名的老寿星。古代老寿星，名气最大，见于古书，要算彭祖。古书提到彭祖，最早是《论语》。孔子管他叫"老彭"（《述而》7.1）。我们要知道，"老彭"的意思可不是老子和彭祖，而是非常长寿的彭祖。❶简帛古书，上博楚简、马王堆帛书，也都提到彭祖，跟他在一起，还有一位耇老，也是老寿星。我们要知道，老子的"老"是这个意思。这是带有神仙色彩的头衔。

（2）老子姓李，名耳，字聃，楚苦县人

司马迁说，老子姓李。严格讲，李是氏，而非姓，司马迁已分不清姓和氏。他的名（小名、私名）是耳，字（成年后的大号）是聃。后人从他的名字推测，他可能是个耳朵很大的人，神头怪脸。❷

老子，按先秦姓氏名字的惯例，本来应该叫李子，全称应叫老李子。但古书习惯的叫法是老子，称老不称氏，省去姓氏。《庄子》讲老子，很尊重，管他叫"老聃"。"老"是老寿之义，不是姓氏，称字不称名。❸

司马迁说，老子是楚苦县厉乡曲仁里人，这是他的籍贯。

苦县在今河南鹿邑县，厉乡即赖乡，是古赖国所在。曲仁里

---

❶ 李零《丧家狗》，太原：山西人民出版社，2007年，142—143页。

❷ 古人还把老子和舜友伯阳、周幽王太史伯阳拉扯到一起，说他字伯阳。如汉延熹八年（165年）边韶《老子铭》已有这类说法。唐司马贞、张守节也说，老子字伯阳（《史记·老子韩非列传》正义、索隐），他们是把老子的年龄继续上推。这是汉唐时期的神仙家说。但司马迁没有提到这一说法。

❸ 《通志·氏族略四》列有老氏，一说老童之后，一说老聃、老莱子之后，"并无闻焉，以其老也，故以老称之，遂为氏。"前人多已指出，老不是氏，只是老寿之号。

是这个乡下面的一个居住单位。这个地方，后来有个著名宗教建筑，叫太清宫。太清宫的前身是东汉的老子祠，唐宋时期叫太清宫。1997 年，河南省的考古工作者在太清宫遗址进行发掘，发现西周大墓长子口墓。❶我们不要以为，一讲楚国，就是湖北、湖南。

❶ 河南省文物考古研究所、周口市文化局《鹿邑太清宫长子口墓》，郑州：中州古籍出版社，2000 年。

（3）老李子和老莱子是同一人

司马迁为什么把老莱子写进《老子韩非列传》，原因很简单，他和老聃，即上面的老李子，都是楚人。他们都跟孔子见过面，都是道家，言谈话语差不多，很像一个人。比如老子有个比喻，牙齿硬，舌头软，但人老了，牙齿掉了，舌头还在。这段话，古书多次提到，一会儿说是老子的话，一会儿说是老莱子的话（参看附录一）。

很多人都以为，姓李的都是西北人，比如出土秦印，就有很多姓李的，但楚国也有很多姓李。比如包山楚简，很多人名，就是姓李。秦国的李字，是所谓"木子李"，而楚国的李字，写法比较怪，是作𠥏，上面不是木，而是来。来和李，都是来母之部字，古音完全一样，字形也相近。我们现在的李字，是汉代的写法，而汉代的写法，又是沿用秦系文字的写法。这只是李字的一种写法。过去，我们不知道楚国文字的李字是怎么写，当然无法想象莱和李有啥关系。得此线索，才恍然大悟，原来，司马迁讲的三个老子，前两人是同一人。

老李子和老莱子是同一人，但"老莱子著书十五篇，言道家之用"，《老莱子》和《老子》是两本书。《老子》是哲言体，如同《老子》内篇，《老莱子》可能是故事体，如同《老子》外

篇。后人以书定人，把老子和老莱子分为两个人，现在应合为一人。老莱子这个名称，是保留楚文字的写法。❶

（4）孔子见老子

孔子见老子，几乎所有描写，都是见于《庄子》。《庄子》宗老子，他的描写很夸张，处处抬高老子，贬低孔子。❷《庄子》的故事，汉代很流行，经常见于画像石。画面上，老子和孔子互相鞠躬，中间夹个小孩，故意难为孔子，则是传说中的神童，叫项橐。司马迁讲他俩见面，老子很神气，居高临下。他劝孔子，"去子之骄气与多欲、态色与淫志"，❸孔子不但不生气，还盛赞老子，夸他像条龙，鸟兽虫鱼皆可知，龙不能知。❹

司马迁说，"世之学老子者，则绌儒学，儒学亦绌老子。道不同不相为谋。"这是西汉时期儒道之争的反映。汉初崇黄老，老子最吃香。武帝尊儒术，儒家才扬眉吐气。孔子即使翻了身，老子的影响还在，儒家仍须借重老子的名气。所以，上面的画像很流行。

古人说，孔子是凤（《论语·微子》18.5），凤是祥瑞（《论语·子罕》9.9）。凤鸟的比喻，是暗示天下太平，圣人降临。这是孔子的外号。老子不是凤，而是龙，藏头露尾，隐于云端。他们在乱世，角色不一样。

（5）孔子见过的老子和周太史儋无关

司马迁为什么把周太史儋写进《老子韩非列传》，原因很简单，第一，他们都在周都洛阳供职，李耳是"周守藏之史也"，周太史儋也是周太史，两人都是周的史官；第二，聃和儋古音相近，完全可能是通假字。

❶ 李零《老李子和老莱子》，收入李零《郭店楚简校读记》，北京：北京大学出版社，2002年，195—202页。

❷ 孔子见老聃，见《庄子》的《天地》、《天道》、《天运》、《田子方》、《知北游》，孔子见老莱子，见《庄子·外物》。

❸ 《庄子·外物》讲孔子见老莱子，有类似的话。

❹ 《庄子·天运》讲孔子见老聃，有类似的话。司马迁是把这两个老子的话加以改造，混在一起讲。

周太史儋，战国中期人。传说，公元前374年，他有个预言，周与秦本来合在一起，后来却分手东西，分开500年，又合在一起，再过17年，就会有霸王出来（《史记》的《周本纪》、《秦本纪》、《封禅书》、《老子韩非列传》）。他预言的"大趋势"，是秦灭东、西周，兼并天下，这当然是后来的人，颠果为因，倒追其事。

老子很老，活了多少岁？司马迁说，老子"修道而养寿"，当然比别人活得长，"盖百有六十岁，或言二百余岁"。前人说，他是把老聃和太史儋两人的岁数加起来，有这么多。❶ 人活这么长，我们觉得荒唐，司马迁觉得正常。汉代盛行神仙家说，老寿星是活神仙。比如墨子，可以活到东汉，一点不稀奇。《列仙传》、《神仙传》里，这样的故事很多，老子也是最佳人选，早就榜上有名。

研究老子，有两种倾向，一种倾向是，老子比孔子早，所以《老子》比《论语》早；❷ 另一种，正好相反，《老子》比《论语》晚，所以老子比孔子晚，周太史儋才是真老子，《老子》是他的书。❸

我认为，人是人，书是书，应该分开讨论。人或许比较早，书并不太早。

(6) 老子的后代

汉有段干李氏，传出老聃。其后世子孙的世系是：老聃——李宗——李注——李宫——○——○——○——李假——李解。这是利用当时的谱牒。老子传八世到汉文帝，好像世数不够，顶多够着太史儋。但司马迁有上下200年的伸缩余地，在他那里，没有矛盾。

---

❶ 参看泷川资言、水泽利忠《史记会注考证附校补》，上海：上海古籍出版社，1986年，1300页。案：孔子生于前552年，卒于前479年。老子比孔子大，生年当更早。周太史儋作预言，在前374年，卒年当更晚。前552年至前374年，共179年，比160年长，比200年短。司马迁说，前374年，距孔子卒年为129年，其实是106年。

❷ 陈鼓应《老学先于孔学》，收入所著《老庄新论》，上海：上海古籍出版社，1992年，43—58页；李学勤《申论〈老子〉的年代》，收入《当代学者自选文库·李学勤卷》，合肥：安徽教育出版社，1999年，578—586页。

❸ 何炳棣《司马谈、迁与老子年代》，收入所著《有关孙子老子的三篇考证》，台北：中央研究院近代史研究所，2002年，71—99页。

(7) 孔子与其他人物

司马迁说，老子西出函谷关，不知所终，给后人留下想象的空间，或说他去了秦国，或说他去了西域，反正是远离中心，自居边缘的地方。东汉时期，释道相争，有所谓老子化胡说，就是利用这个想象的空间。

司马迁讲老子，是与庄周、申不害、韩非同传。老子是今鹿邑人，庄子是今民权人，申不害是今荥阳人，韩非是今新郑人。鹿邑、民权在河南东部，属于楚国和宋国。荥阳、新郑在河南中部，属于韩国。老学一向分两派，一派无为，一派有为。庄周，独守老氏学，专批儒、墨，王公不待见，是广义道家中的无为派（狭义的道家）。申不害、韩非，主于刑名法术之学，则是广义道家中的有为派（狭义的法家）。司马迁认为，两派都是老学之流裔。

楚道家的原产地是今河南东部（宋、卫、郑、陈、蔡一带）。孔子周游列国，碰到不少狂人，恰好在这一带。河南也是出思想的地方。

《老子》一书，朦朦胧胧

司马迁说，老子是个"隐君子"，提倡隐姓埋名。他在洛阳待久了，眼看着天下一天坏似一天，终于弃官出走，直奔大西北。他一路西行，来到今河南灵宝县的函谷关，守关的关尹喜留他小住，生怕老子这一去，把一肚子的学问带走，从此没人知道，叫他无论如何住几天，给大家留点东西❶"于是老子乃著

---

❶ 鲁迅《出关》的描写很有趣，见《鲁迅全集》，第2卷，北京：人民文学出版社，1956年，387—397页。

（下页注）

❶《老子》的字数，据我的学生苏晓威统计：马王堆帛书，甲本为5344字，乙本为5342字（外加重文124字）；今本，河上公《道德经章句》为5201字（外加重文94字），王弼《老子道德经注》为5162字（外加重文106字），傅奕《道德经古本》为5450字（外加重文106字）。严遵《道德真经指归》、张道陵《老子想尔注》无完本，这里没有统计。饶宗颐先生指出，东汉以来的文本分删助字本、不删助字本。前者是道教传本，往往删略助字以凑五千言之数，如葛洪所定河上公《道德经章句》，只有4999字，就是这种本子。敦煌本成玄英《老子开题》谓"系师葛本不足五千言"，原因是，第11章"卅辐共一毂"，"卅"是"三十"的合文，少了一个字。参看饶宗颐《老子想尔注校证》，上海：上海古籍出版社，1991年，49、52页。

书上下篇,言道德之意,五千余言。"这书,就是后来的《老子》,也叫《道德经》。

《老子》是本什么样的书?我可以介绍一下:

(1) 它分上下篇或上下经,共计 81 章,很短,大约只有 5000 字❶

今本《道德经》分上下二经,《道经》是第 1—37 章,《德经》是第 38—81 章。传世本分两种。河上公本、王弼本、傅奕本是以《道经》为上篇,《德经》为下篇。❷严遵本取五行数,分 72 篇,《上经》40 篇还在,相当《德经》第 38、39、41—81 章(只缺第 40 章);《下经》32 篇,29 篇有佚文,相当《道经》第 1—17、20、22—26、28—29、31、33、35、36 章,缺 3 篇(范围在《道经》第 18、19、21、27、30、32、34、37 章内)。❸想尔注本,是个残本,只有《道经上》的第 3—37 章,也是以《道经》居前,但连抄,不分章。

《老子》叫《道德经》,从道、德二字的排列顺序看,从道、德二字的逻辑关系看,本来应该这么叫。但先德后道的本子也很古老。比如马王堆帛书本就是以《德经》为上篇,《道经》为下篇。《韩非子·解老》也是以《德经》为主,一上来就长篇大论,先讲第 38 章。❹有人推测,前一种顺序是道家传本,后一种顺序是法家传本。❺

(2) 此书多短章,押韵,韵脚很密,好像顺口溜(第 73 章最典型)

人称《老子》为哲言诗。其实,《老子》是韵文,不是诗歌。押韵,是为朗朗上口,便于记诵。中国古代,韵文、诗歌、

---

❶ 河上公本有章题,皆两字,用以提示各章大义。

❷ 严遵本,《上经》40 篇,相当今本第 38、39、41—81 章(共 43 章),只缺第 40 章。其中第 39 章和第 41 章合为一篇,第 57 章和第 58 章上半合为一篇,第 58 章下半和第 59 章合为一篇,第 67 章和第 68 章合为一篇,第 78 章和第 79 章合为一篇。

❸ 《解老》的引用顺序是:今本第 38、58、59、60、46、14、1、50、69、53、54 章。《喻老》的引用顺序是:今本第 46、54、26、36、63、64、52、3、64、47、41、33、27 章。郭店楚简本,有三组简文,和今本的对应关系比较乱。

❹ 高亨、池曦朝《试谈马王堆汉墓中的帛书〈老子〉》,《文物》1974 年 11 期,1—7 页。

写在前面的话 | 7

散文，不能截然分。关键区别是，诗歌可歌咏，也可只诵不唱，韵文不配乐，只能吟诵；韵文以押韵为主，散文不用韵或少用韵。古代韵文，汉代叫赋，其中包括楚辞。《楚辞》和《诗经》，区别在哪里？有人以为，《诗经》多四言，格式整齐，不用兮字；《楚辞》多长短句，常用兮字，也不尽然。彼此相反的例子，两者都有。关键恐怕在于，它们的曲调，原来不一样。《老子》，句式参差，夹用兮，有人以为楚辞体，不对；有人以为诗经体，也不对。它更近于先秦的赋体。❶

❶ 参看李零《简帛古书与学术源流》，北京：三联书店，2004年，325—339页。

（3）此书舍事言理，没有人物，没有故事

《老子》和《论语》不一样。《论语》有156人，它没有。寂兮寥兮，空旷寂静。读其书，如入无人之境。八十一章，从头看到尾，一个人都没有。

这书不是对话体。说话人是谁，话是说给谁听，根本不知道。非要找，只有三个人，都很抽象。一是"我"或"吾"，说是作者，其实是假想的统治者；二是"圣人"，代表统治者的榜样；三是作为集合概念的"民"或"百姓"。一方是治人者，一方是治于人者。他是教统治者如何治理老百姓。

（4）此书喜欢讲一正一反、一阴一阳，对比强烈的辩证法

《老子》喜欢讲矛盾。矛盾的两个方面，"去彼取此"（第12、38、74章），他总是选择弱势立场，甚至故意讲反话，讲反"常识"的话，原书叫"正言若反"（第80章）。比如拿人来说吧，大家说，男人比女人强，大人比小孩强。它偏说，女人强，小孩强。

(5) 此书代表的是一种老辣的智慧

老人的智慧，除阅世久，经验丰富，还有一个特点，是朦朦胧胧，记性不太好。《老子》也有这个特点，惚兮恍兮，恍兮惚兮，好像朦胧诗。说起《老子》，我常常会想起老年痴呆症。[1]我妈妈就是得这种病。大脑里有个叫海马的零件坏了，修不好。临床表现是，没有时间，没有空间，什么人都记不住，忘个精光（除老伴儿），脑子不行，身体倍儿棒，能吃能睡，无所萦怀。《老子》描述的精神状态，就有点这劲儿。他也特别能忘——陶然忘机，什么名呀利呀，全都忘了。悟道是抽象，什么都抽象掉了，剩下的光是道。

这是一种老辣的智慧。

《老子》喜欢打比方

古人讲道理，不爱下定义，特爱打比方。

《老子》有《老子》的讲话方式。这个问题，值得专门讨论。《老子》哲学是生命哲学或活命哲学。它的特点是"贵身"。现在，"身体"是时髦术语。它讲什么，都爱拿身体打比方，其他比喻，多由此派生，我挑几个例子，跟大家说说。

(1)《老子》论道，最爱拿妇女生孩子打比方

它说，道是"天地母"（第25章）、"万物之母"（第1章）、"天下之母"（第52章），"既得其母，以知其子"（第52章）。道是天地万物的妈妈，天地万物是她的孩子。道母有个黑咕隆咚、深不见底的生殖器，《老子》叫"玄牝"。牝字的本义，是雌性动物的生

---

[1] 即阿尔茨海默氏症（Alzheimer's disease）。过去，我们笼统称为老糊涂的人（我们老家叫 bànfǎn 疙瘩），其实就是这种病。1989年，我在美国，还有一位专家说，为什么这种病例，中国特别少。现在，大家都知道，中国一点也不少。

殖器，也包括人的，这是生物学和医学的概念，毫无色情意味，很健康。《老子》的"玄牝"是宇宙生殖器，"玄牝之门"是它的阴道口（第6章）。这类词，翻成白话，知识分子难为情，张不开嘴，说不出口，尽在那儿曲里拐弯兜圈子，现代白话译本，包括西文译本，都是把它翻成"雌性"或"女性"（female）。[1] 孩子从哪儿生出来，老百姓都懂。雌性和女性有什么门？总不是房门或窗户吧？

《老子》贵母，很少提到父。讲母共五次（第1、20、25、52、59章），讲父只一次（第21章）。[2]

万物不只有妈，也有爹。万物赋形，有一形就有一名。古代生孩子，生下来要起名，名随其父，是由爸爸起。爸爸的角色是起名。第21章："自今及古，其名不去，以顺众父。吾何以知众父之然也？以此。""众父"就是给万物起名字的道父。《老子》贵雌贵母，贵柔贵弱。万物之生，知母不知父，怎么知道还有父，就是凭它们的名字。

《老子》讲"父"，就这一次。妈妈只有一个，爸爸有很多。爸爸只是借种，借完了就没他什么事，妈妈那儿留个名字就是了。"父"是躲在后边。

（2）《老子》论德，最爱拿刚出生的小孩打比方

它说，"含德之厚者，比于赤子"（第55章）。"赤子"也叫"婴儿"，是光会哭不会笑只知道吃奶的小小孩，粉红色的小肉团（第10、20、28章）。这种刚生下来的小孩，生命力最旺盛。比如很多传说中的弃儿，即使被抛弃在荒郊野外，毒虫猛兽却不去伤害。他们骨弱筋柔，但手却握得很紧，不懂男女交合，小鸡鸡却

---

[1] 如刘殿爵最初把"玄牝"译为 mysterious female，后来译为 dark female。参看：D.C. Lau, Lao Tzu, Tao Te Ching, Harmondsworth: Penguin Books, 1963, p. 62; Lao Tzu, Tao Te Ching, Hong Kong: The Chinese University, 1982, p. 275。韩禄伯和刘殿爵最初的译法一样，也把"玄牝"译为 mysterious female。参看：Robert G. Henricks, Lao Tzu, Tao Te Ching, New York: Ballantine Books, 1989, p. 198。

[2] 第42章的"学父"是另一种意思。

经常勃起，整天哭泣，一点不伤气（第55章）。赤子"贵食母"（第20章），吃的是道母（大道妈妈）的奶。

（3）《老子》还用男女交合打比方，讲大国和小国的关系

它说，"天下之交也，牝恒以静胜牡。为其静也，故宜为下"（第61章）。女人弱，男人强，柔弱往往胜刚强。女人在床上，多取女下位，但她以下取上，以静制动，再厉害的男人也要俯首称臣。大国和小国，也是如此。大国要善居下流，以下取上，作"天下之牝"（第61章）。

（4）仿照"玄牝"的比喻，《老子》还有一个比喻，则是"谷神"

"谷神"是"玄牝"的另一种说法。大地，山陵为阳，溪谷为阴，类似牝牡。如"谷神不死，是谓玄牝"（第6章），就是两者并举。"谷神"者，是取其陷下之义。

溪谷陷下，水从其出，汇为江海，和道生万物相似。原书说，"譬道之在天下也，犹小谷之与江海也"（第32章），"江海之所以能为百谷王者，以其善下之，是以能为百谷王"（第66章）。

牝与牡，它取牝；陵与谷，它取谷。二者是相似关系。原书说，"知其雄，守其雌，为天下溪……知其〔日〕〔白〕，守其辱，为天下谷"（第28章），"上德如谷，大白如辱"（第40章）。这里的"为天下溪"、"为天下谷"和第61章的"天下之牝"是同样的意思。

（5）和"雌"、"母"、"牝"、"谷"、"婴儿"等概念有关，《老子》还以"水"为喻

贾宝玉说，"女儿是水作的骨肉，男人是泥作的骨肉"（《红楼梦》第二回)。《吕氏春秋·不二》说,"老耽(聃)贵柔"。《老子》一书,不但喜欢雌,喜欢母,喜欢牝,喜欢婴儿,还喜欢溪,喜欢谷,喜欢水。孔子说,"知(智)者乐水"(《雍也》6.23)。老子就喜欢水。

水有两大特点,一是求下,"人往高处走,水往低处流";二是贵柔,水性至柔,可以穿石。如"上善似水,水善利万物而有静。居众人之所恶,故几于道矣"(第8章),就是讲第一点;"天下莫柔弱于水,而攻坚强者,莫之能胜也,以其无以易之也。柔之胜刚,弱之胜强,天下莫弗知也,而莫能行也"(第80章),就是讲第二点。

齐道家(黄老术)贵气,楚道家贵水。这两样都是天下最柔弱的东西,但厉害起来,也非常厉害。水在《老子》中,地位很突出。❶

❶ 郭店楚简《太一生水》,似乎就是图解《老子》的宇宙论。它也是贵水。

(6)《老子》强调原始状态,强调不发展,除用"婴儿"打比方,还用"朴"

《老子》经常用这个词(第15、19、28、32、37、57章),既可指道,也可指德。如第37章"吾将镇之以无名之朴"就是指道;第28章"恒德乃足,复归于朴"就是指德。朴也是比喻。木料未经加工,叫朴,已经加工,做成家具,则叫器。原书说,"朴散则为器"(第28章)。这是类似婴儿的比喻。

老子的思想特点

孔子和老子,谁在前,谁在后,这是中国哲学史上的老问题。古人说，孔子到洛阳问礼老子，老子是老头子，似乎老在孔先，毫无问题。但老子其人和《老子》其书是两码事。我不认为，老子年纪大，《老子》就在《论语》前。

研究古书年代，我们要注意，我们经常容易把后来居上的东西当作年代古老的东西。孔子见老子，孔子不批评老子，老子却批评孔子。我们很容易相信，批评人的一定是老师，不但资格老，年纪也一定大。但研究思想的逻辑先后，有个规律，我们不要忘记，"反对"不能无的放矢，"被反对"一般都在"反对"前。学习，要有学习的榜样，批判也要有批判的靶子。

比如《论语》批墨子吗？不批。《墨子》批孔子吗？批。为什么？道理很简单，墨子在孔子后，孔子批墨子，不可能；墨子批孔子，太正常。同样道理，我们读《论语》，读《老子》，也要问一下，《论语》批《老子》吗？《老子》批孔子吗？《墨子》批《老子》吗？《老子》批墨子吗？读《论语》、《墨子》、《老子》，我的印象是，孔子总是自言自语，跟其他门派的思想家没有对话。墨子就不一样，他是成心抬杠，处处跟孔子拧着来，概念颇具对称性。但《老子》不一样，它是采取釜底抽薪的办法，绕到孔子的后面，跳到孔子的上面，用更具终极思考的东西，贬低它、消解它、超越它、包围它，把它浓缩在自己的概念里。它们的先后，太明显。

孔、墨和《老子》，都认为天下无道，都批判现实，都怀揣理想，酷爱乌托邦，鼓吹复古，迷恋圣人，主张愚民，这是他们的共同点，但对社会问题的症结，看法不一样，对策也不同。《吕氏春秋·不二》说，"老耽（聃）贵柔，孔子贵仁，墨翟贵廉。"

墨子非孔，主要批评是两点，一是孔子持贵族立场，走上层路线，倡仁义礼乐，重等级贵贱，而墨子持平民立场，走下层路线，倡兼爱大同，讲众生平等；二是孔子敬畏天命，但不语怪力乱神，罕言天道性命，比较理性，而墨子大讲天志明鬼，比较迷信。

"孔子贵仁"，代表的是"文"；"墨翟贵廉"，代表的是"质"。《老子》比《墨子》更强调"质"。

《老子》和孔子有本质上的分歧。郭店楚简发现后，学者大讲儒、道合流，我不同意。

《老子》提倡无为。他的想法是，这两个家伙，太逞能，尚贤尚智，过于有为。比如孔子，知其不可而为之，自己跟自己过不去，何苦来哉；墨子，摩顶放踵利天下，自己折磨自己，也太没劲。它的想法很简单，别这么死乞白赖。

《老子》的原则，跟他们全不一样。什么仁义忠信，什么尚贤尚同，全不如道、德更朴实。道、德不是以人为终极，"人法地，地法天，天法道，道法自然"（第25章），人的背后有地，地的背后有天，天的背后有道，道是根据自然。他才不讲以人为本。这让我们想起17—18世纪的欧洲，他们也曾迷恋自然法则。

墨子非攻，对战争很关心，不像孔子光讲文化，不讲武化。孟子也以弭兵止杀为天下号召。这是战国时代的思想气氛。《老子》以圣人为榜样，大讲治国用兵之术。它讲战争，是关注于死亡。战争是凶事，战争是丧礼，它这样说。战争的野蛮，战争的残酷，让他心灵震颤。他笔下的战争都是旷日持久，灾难深重，怎么看，怎么都像战国时代。

先秦的老氏之学，分两派，既讲无为，也讲有为，和汉以后的印象不一样。有为的一派，与三晋的形名法术之学相结合，与荀子的礼学相结合，对结束战国，走向帝国，有重大贡献。

汉初的老氏之学，是黄老之术的一部分，它对汉初的休养生息，也有重大贡献。

西汉晚期，儒盛道衰，道家和儒家换位，丧失了政治优势，成为"在野党"。但随后的很长时间里，在中国的思想世界，它还是最大的"反对党"。

东汉时期，儒道之争息，释道之争起。道家的归宿是道教。汉唐以来，道教仍然是儒家的竞争对手，屡踣屡兴。

读《老子》，我们不要忘记，它也曾经大有作为。

怎样读老子

我们先谈本子问题。

（1）郭店楚简本《老子》（下简称"简本"） 出土发现的本子，这种最古老，年代约在公元前 300 年左右。简本分甲、乙、丙三组，甲组分上下两部分，乙、丙两组不分。这三组文字，每组都分章，章序的排列，和今本不一样。校读《老子》，此本是重要参考，但它的篇幅只有今本的三分之一。❶

（2）马王堆帛书本《老子》（下简称"帛书本"） 它分甲、乙二本，每本分上下篇，每篇之内，文字连着抄，不分章，但顺

❶ 收入荆门市博物馆《郭店楚墓竹简》，北京：文物出版社，1998 年。

序和传世本大体相同。甲本约抄于前 206 — 前 195 年之间，乙本约抄于前 179 — 前 169 年之间，也很古老。校读《老子》，最重要。❶

(3) **石刻本**　有唐代到元代各地道观的石刻本 10 种。❷

(4) **中古时期的古抄本**　有敦煌本、吐鲁番本和俄藏本多种。❸

(5) **传世本**（下简称"**今本**"）过去主要有五个本子：汉河上公《道德经章句》本（下简称"**河本**"）、严遵《道德真经指归》本（下简称"**严本**"）、张道陵《老子想尔注》本（下简称"**想本**"）、魏王弼《老子道德经注》本（下简称"**王本**"）、唐傅奕《道德经古本》（下简称"**傅本**"）。❹

这些本子，简本不全，不能作底本。传世本和其他晚期的本子，对古本改动太多。其他古书，传世本改古本，往往加字，但《老子》不一样，传世本为求整齐，往往删字，并且历史上，各本相互参校，相互掺杂，治丝益棼，越改越乱，从总体情况看，都不如帛书本。底本，还是选帛书本最好。

过去的校注本，眼界只限于 (3)(4)(5)。很多本子都是汇聚众本，平行参校，以意去取，东拼西凑，拼凑的结果，是"一锅乱炖"，哪种本子都不是。帛书本出来，大部分都可废而不读。

帛书本，研究者很多，我以为，高明《帛书老子校注》（北京：中华书局，1996 年，下简称"**高书**"）最好。这书的优点，是把住龙头，以帛书本为主，研究传世本的变化，而不是用传世本与帛书本平行参校。帛书本发现后，有些研究者读惯了传世

❶ 收入马王堆汉墓帛书整理小组编《马王堆汉墓帛书》〔壹〕，北京：文物出版社，1980 年。

❷ 收入何士骥《古本道德经校刊》，国立北平研究院史学研究会考古组《考古专报》第一卷第二号（1936 年）。

❸ 参看：李零《简帛古书与学术源流》，北京：三联书店，2004 年，24—25 页。

❹ 今本，可参看《四部要籍注疏丛刊》老子卷，北京：中华书局，1998 年。但此书只收河本、严本、王本、傅本，不包括想本。想本，可看饶宗颐《老子想尔注校证》，上海：上海古籍出版社，1991 年。又，河本可看王卡点校《老子道德经河上公章句》，北京：中华书局，1993 年；严本可看王德有点校《老子指归》，北京：中华书局，1994 年。

本，不肯放弃旧的工作方法，仍然强古本就今本，把帛书本当新作料，搁在原来的版本系统里"乱炖"，这种做法很流行，但并不可取。高书不是这样。在他的书里，帛书本是起提纲挈领的作用。

简本，研究著作也很多，但简本不全，现在读《老子》，还是应该以帛书本为主，上可参校简本，下可探讨今本的变化。比较要有时间层次，横比是在纵比之下。

《老子》旧注，多系道教传本，对研究汉唐时期的思想很重要，对研究前道教和道教的关系很重要。但有一点，我们要注意，汉以来的道教和汉以前的道家还不一样。过去，汉学家以Taoism泛指道家和道教，现在，很多人都主张，两者要分，这是对的。研究道家，我们也要辟除晚期的干扰，这和读《论语》，其实是一样的道理。

道家重方术，这是道家和道教的共同点。我读子书，特别强调援术说学，用古代的知识系统解读古代思想。我喜欢用数术、方技、兵书解诸子。《老子》重天道，贵养生，喜欢讲宇宙创生，喜欢用房中术语讲话，在这方面，数术、方技是重要参考。

说到阅读本身，我的解说，每章都有两部分。

一部分是"大义"，我先把每章的内容大致串讲一下。这种叙述，有点像翻译，又不太像翻译，翻译要一字一句对应，比较受束缚。我是尽量展开来讲，把每章的意思，用尽量通俗的话，细细解释一下，传达作者的思路，传达作者的语气。最后还在括号里，写一句提示语。

一部分是"讨论",则是把每章中最重要的问题,词语上的难点,文本上的关系,尽量抠一下。如果词语重见于其他各章,也要注明它们的出处,以便对照。

我读《老子》,和我读《论语》相似。

第一,我最重内证。在我看来,词语互见和内容的前后关照最重要。我是用《老子》本身解《老子》。

第二,我很看重先秦古书的有关线索,一是道家的线索,如《庄子》、《文子》的引文和议论;二是法家的线索,如《韩非子》的引文和议论;三是与《论语》、《墨子》的对照。

第三,我对《老子》的文本演变很重视,文本对勘,是选取年代较早的典型文本,汰除年代太晚的次生文本。各本差异,有些重要,有些不重要,我对这一工作做了最大限度的提炼。❶ 简化校勘,不是图省事,而是为了凸显文本演变的关键线索和总体脉络。

这里应该说明的是:

(1) 本书是以帛书甲本作底本,参照乙本补字。释文一律用破读后的宽式释文,大家要想核对,请查原书的精确释文。

(2) 帛书本的上下篇,顺序与今本相反,为了便于对照,我是把相当今本《道经》的部分放在前面,把相当今本《德经》的部分放在后面,次序颠倒。这不等于说,原书就是这样。帛书本来不分章,但上下篇内,章与章的顺序大体相同,只有个别不一样,我也参照今本,按前《道》后《德》的顺序分了章,并注明它是相当今本的哪一章。这样做的目的,也是为了便于与今本对照。这是我对正文的处理。

❶ 参看刘笑敢《老子古今——五种对勘与析评引论》,北京:中国社会科学出版社,2006年。案:刘书的五种对勘,是把河本、王本、傅本、帛书本、简本五种版本,抄在一起,供读者比较,很方便。但他的比较,不包括严本和想本。严本和想本都是汉代的本子,很重要。

（3）我们的校读，主要包括简本的异文、早期古书引用的异文，今本的异文和其他材料（如碑本、敦煌本）的异文。今本，如各本差异不大，则统称"今本"；差异较大，则分别举例。我发现，今本异文，多是根据《庄子》、《文子》、《韩非子》、《淮南子》，这些改动的来源，也要尽量揭出。

第一章（今本第一章）

道可道也，非恒道也；名可名也，非恒名也。无名，万物之始也；有名，万物之母也。故恒无欲也，以观其妙；恒有欲也，以观其所徼。两者同出，异名同谓。玄之又玄，众妙之门。

【大义】

这一章主要是讲道与物、物与名、人与物的关系。

道与物的关系，是"无中生有"。道是无，万物是有。道生天地，天地生万物，这是比较完整的说法。但这里只讲道与物，没讲天地。

物与名的关系，好像妈妈生孩子，小孩生出来，要起名字。天地万物的妈妈是道。万物未生，当然没有名；万物已生，才有名。

道是终极的东西，无法言说，凡是可以言说的都不是道。万物有名，凡是可以一一命名的名，都不是永恒不变的名。永恒不变的名，只是一种勉强起的名，即抽象的名，概括的名。其实，也就是道这个词。

人与物的关系，关键在一个欲字，无人则无欲，有人则有欲。前者是无我之境，后者是有我之境。万物生生不已，所有奥妙，都是万物本身的奥妙。这种奥妙，只有无欲，才看得到；有欲，看到的只是你所求，你所要。有用无用，全看有欲无欲。无欲，看到的是无用之物；有欲，看到的是有用之物。

可道不可道，可名不可名，有名无名，有欲无欲，都是属于有无之辨。它们是同一种东西的两种不同叫法。这种东西就是道。道，就像一个又深又黑的大洞。这个大洞才是"众妙之门"，下文叫"玄牝之门"。（无中生有）

【讨论】

"道可道也，非恒道也；名可名也，非恒名也"，第一个"道"字和第一个"名"字，都是名词；第二个"道"字和第二个"名"字，都是动词。道作名词，指道路，动词是导，如《论语·学而》1.5 的"道千乘之国"，"道"就是读为导。道作动词，还有一个含义是说，这里的第二个"道"字就是言说之义。名作名词，指名称；作动词，则指命名。古书，命与名常常通假。文中的两个"恒"字，今本改为"常"，是避汉文帝讳。常与恒不完全一样，常是经常，恒是不变，《老子》的说法是"独立而不改"（第 25 章）。恒很重要，在道论类的作品中，是表示终极性的概念，如上博楚简《恒先》，"恒先"，就是指道，今本《系辞》的"太极"，马王堆帛书作"大恒"，也是指道。今本"太极"是"大恒"的改写。❶帛书本，恒字很多，常字很少（只见

❶ 文献中的"极"字，楚简和马王堆帛书往往作"恒"。如楚国地名"期思"，楚简作"恒思"，就是以"恒思"为"亟思"，再变为"期思"；《周易·系辞》"太极"，马王堆帛书作"大恒"，也是由"大恒"变为"太极"。我认为，这是属于形近混用，类似古文字中的"苍"、"寒"混用。最近，裘锡圭先生提出，学者过去释为"恒"的字其实都是"极"字，见他提交 2007 年中国简帛学国际论坛的论文《是"恒先"还是"极先"?》（2007 年 11 月 10—11 日，台北）。我不同意这种说法。理由是，第一，《恒先》另有从心从亟读为"极"的字，写法不同，不能认为是同一字；第二，古书固有"恒"字，不能全都改成"极"字，比如陈恒（田恒），不能改成"陈极"；第三，古书中的"恒"字，避讳作"常"，不能认为是避"极"字；第四，这样做，就抹杀了古书中的所有"恒"字。比如此本中的所有"恒"字，如果都读成极，显然不合适。

于第16、52、55章），今本把恒字几乎全都改成常，是避讳改字，下同，不再说明。这里的"恒道"是最抽象的道，"恒名"是最抽象的名。

"无名，万物之始也；有名，万物之母也"，道本来没有名（第32、37章说"道恒无名"，第40章说"道褎无名"），叫做"大"或"道"，是为了方便，勉强加上去的（第25章说"有物混成，先天地生。寂兮寥兮，独立而不改，可以为天地母。吾未知其名，字之曰道，吾强为之名曰大"）。古人讲"名"，往往与"形"有关。万物未生之始，还没有形，当然没有名；已生之后，则有一物必有一形，有一形必有一名，相生相克，生生不已。银雀山汉简《奇正》说，"故有形之徒，莫不可名。有名之徒，莫不可胜。故圣人以万物之胜胜万物，故其胜不屈"，这是形名之学的讲法。形名之学，也叫刑名之学，和法律讼辩有关，和治国用兵有关。形名是工具，可以控制物。"无名"是无，"有名"是有。王弼注："凡有皆始于无，故未形未名之时，则为万物之始；及其有形有名之时，则长之育之，亭之毒之，为其母也。""万物之始"，今本多作"天地之始"，这是误改，《史记·日者列传》引作"万物之始"，王弼注原本，从上引王弼注看，也是作"万物"，可见古本如此。今本把"万物"改成"天地"，大概是因为，传述者以为，道生天地、天地生万物，道与万物之间，不能没有天地。其实，此章重点是讲道与物、物与名、人与物的关系。道与物的关系，主要看有没有形名。道不可言说，不可名状。万物未生，无形无名；既生，有形有名。原文只讲道与物的关系，并不涉及天地。《老子》论道，常以妇女生子为喻。

妈妈固然重要，但没有爸爸开头也不行。父与甫通，甫有开始之义，他才是开始。这个开头很重要。农村，老乡把生孩子叫种田，妈妈是田，没有爸爸播种，小孩生不下来。第21章提到的"众父"，其实就是万物的爸爸。"万物之母"，也是类似的比喻。道是母，万物是子。生小孩，要有爸爸参加，但没有妈妈，也没有小孩，既无其形，也无其名。只有等妈妈把孩子生下来，小孩才有名字。古代起名，都是由爸爸起，而且在男权社会里，都是子随其父。《老子》讲万物生化，妈妈只有一个，爸爸有很多，万物之名是随爸爸，有一物就有一名，有一名，就有一父，所以叫"众父"。《老子》以母喻道，除此章，还有第20、25、52、59章；以子喻物，见第52章。

"故恒无欲也，以观其妙；恒有欲也，以观其所徼"，今本"恒"作"常"，无二"也"字和"所"字，现代学者把它读作"故常无，欲以观其妙；常有，欲以观其徼"，帛书本出来，可以证明这种读法是错的。❶这段话是讲人与物的关系。"故恒无欲也，以观其妙"，是说无人则无欲，无欲是无我之境，无欲才能坐观其变，尽得其妙。参看第34章："万物归焉而弗为主，则恒无欲也，可名于小。""恒有欲也，以观其所徼"，是说有人则有欲，有欲是有我之境，有欲必有所求于外物。今本为求整齐，删掉"所"字，味道就变了。"徼"，是动词，所以前面要有"所"字，音义同于要、邀，这里是求的意思，不是当名词讲的边界、终极等义。有欲看到的只是"用"，无欲看到的才是"妙"。

"两者同出，异名同谓"，指无名的万物和有名的万物，同出于道，一个叫"无"，一个叫"有"，其实是一回事。这两句，今

---

❶ 如任继愈就是这样读。参看他的《老子今译》，北京：古籍出版社，1956年，1页；《老子绎读》（前书的最新修订本），北京：北京图书馆出版社，2006年。他写作前书时，尚未见帛书本，但后书明明已看到帛书本，还引用之，却不改旧读，有点奇怪。

本作"两者同出而异名,同谓之玄",先补字,后改断句,面目全非。黑格尔的《逻辑学》,也是一开头先讲有、无、变。他也说有、无是异名同谓。❶

"玄之又玄,众妙之门","玄"有幽深莫测之义。《老子》喜欢把这个字加在很多字前面。如"玄牝"(第6章)是万物之母,这个大生殖器,是个无底洞;"玄鉴"(第10章)是幽黑的镜子,喻指人的心灵,"玄达"(第15章)是深不可测,"玄德"(第10、51、65章)是最深厚的德,"玄同"(第56章)是浑然无别。"众妙之门",即第6章的"玄牝之门"。老子把它比喻为一个天地万物所出的大生殖器。

汉代和魏晋,喜欢用数术、方技解老和用《老子》中的词汇作数术、方技术语,如:

(1)《老子指归·君平说二经目》:

智者见其经效,则通乎天地之数、阴阳之计、夫妇之配、父子之规、君臣之仪,万物敷矣。

(2)《想尔注》佚文(《广弘明集》卷十三引《辨证论·外论》引):

道可道者,谓朝食美也。非常道者,谓暮成屎也。两者同出而异名,谓人根出溺,溺出精也。玄之又玄者,谓鼻与口也。

《想尔注》把人体的孔窍,如肛门、生殖器和鼻、口叫"道路",并用这些"道路"解释"道",真是荒诞之极,但荒诞有荒诞的来历。本身也是一种思想。❷

第41章:"天下之物生于有,有生于无。"也可供阅读此章参考。

❶ 黑格尔《逻辑学》,杨一之译,北京:商务印书馆,1974年,上册,69—99页。

❷ 《想尔注》乃陵说鲁述,陵著《黄书》,传房中仪规。此书则以房中解老。题目"想尔"的"想"是存想之义。该书以房中解老,看似荒唐,其实汉代一直就有这种讲法。如马王堆房中书就已使用《老子》术语作房中术语。"鼻与口",是本河上公注。河上公注说,"玄牝之门"是"鼻、口之门"。这是以行气解老。

上篇 道经第一章 27

第二章（今本第二章）

天下皆知美之为美，恶已；皆知善，斯不善已。有无之相生也，难易之相成也，长短之相形也，高下之相盈也，音声之相和也，先后之相随也，恒也。是以圣人居无为之事，行不言之教。万物作而弗始也，为而弗恃也，成功而弗居也。夫唯弗居，是以弗去。

【大义】
它和前一章不同，主要是讲有形有名，种种矛盾生，如美与恶、有与无、难与易、长与短、高与下、音与声、先与后。这些概念总是如影随形，种种变化由此生。万物变化，是万物自己变，圣人做的都是无为之事，说的都是不言之教，根本不去干涉它。开头不管，中间不管，结束也不管。万物生生不已，圣人听其自化，不居其功，反而有大功。（听其自然）

【讨论】
此章有简本。

"恶已"，简本同帛书本，今本为求整齐，在前面加了"斯"字。

"皆知善"，今本多作"皆知善之为善"，疑出《淮南子·道应》、《文子·微明》，这是古本的另一种写法。

"斯不善已"，简本作"此其不善已"，帛书本作"斯不善矣"，今本作"斯不善已"。已是喻母之部字，矣是匣母之部字，读音相近。这里作"斯不善已"。已是句末语词，与矣同。

"形"，王本为求通俗，改"较"，失韵，简本、河本、傅本同帛书本，不误。

"盈"，今本避汉惠帝讳，改"倾"。

"先后"，简本、龙兴碑、严本注（佚文）同，河本、王本、傅本改成"前后"。前后是空间概念，先后是时间概念，不一样。

"恒也"，指永远如此，到处如此的东西。这是总结上文。简本、今本都没有这两个字。

"圣人"，圣是聪明，天生聪明，绝顶聪明。古人说的圣人，本来意义上的圣人，都是上古帝王，有权有位，可以安民济众的人。如尧、舜、禹、汤、文、武，就是大家公认的圣人。这个词，《老子》特爱说，全书有24章提到，常作"是以圣人"如何如何，都是当作榜样，但没说到底是谁（见第2、3、5、7、12、23、27—29、34、47、49、57、60、63、64、66、68、72—74、79—81章）。圣人是古代的共同理想，除了《庄子》，没人反对。❶

"居无为之事，行不言之教"，干事都是干无为之事，说话都是行不言之教。《老子》提倡自然，反对人为，书中到处都是讲

---

❶《庄子·胠箧》："圣人不死，大盗不止。"

这一套想法。"为"是不循自然之理,人为干涉事物的发展变化。"无为"反之,是叫人去掉人为的东西,复归于自然。"居",简本、河本、王本同,傅本作"处"。楚简、秦简,处作凥,与居有别,汉代始混淆,《说文·尸部》已把凥当居。今本"处"字,原来往往都是"居"字。下面不再重复说明。

"万物作而弗始也,为而弗恃也,成功而弗居也。夫唯弗居,是以弗去",种庄稼、养牲口,都要听其自然,听其自生,听其自长,不要揠苗助长,一口气喂出个肥猪。"作"有开始的意思,原文说万物开始生长,是万物自己在生长,你不要以发明者自居。"恃"是据有、持有之义。"居"也是占有的意思。弗恃弗居,听其自然,《老子》叫"玄德"。道外于人,是人所依所行;德存于心,是人所获所得。"玄德"是最高最深的德。第10章:"生之畜之,生而弗有,长而弗宰也,是谓玄德。"第51章:"生而弗有也,为而弗恃也,长而弗宰也,此谓之玄德。"有与恃,宰与恃,是类似说法。"弗",否定副词,简帛文本,"弗"加于动词前,不加于形容词和副词前,仍有区别。今本往往以"不"代"弗"。"弗"和"不"的区别是什么?一般认为,"弗"是加在省去宾语的动词前或介词前,"不"是加在带有宾语的动词和介词前;形容词和副词前,也是加"不"而不加"弗"。"弗"作"不",是避汉昭帝刘弗陵讳改字。❶古书中的弗、勿、不、毋、无等否定词,早期用法,古文字的用法,仍有区别,后来往往被混淆。它们,弗是帮母物部字,勿是明母物部字,音义相近。不是帮母之部字,毋同母,是明母之部字,音义相近。无是明母鱼部字,后世也和毋、勿相近。在传世古书中,它们常被

❶ 参看:丁声树《释否定词"弗""不"》,《庆祝蔡元培先生六十五岁论文集》,国立中央研究院历史语言研究所集刊外编第一种,北平:1935年,991—992页;魏培泉《"弗"、"不"拼合新证》,《中央研究院历史语言研究所集刊》第72本第1分,台北:2001年,205—206页。

换来换去,很难分辨其细微差别。"始",简本作"怠",帛书本、傅本作"始",河本、王本作"辞"。古文字,怠、始、辞都是从台或从司得声(从心和台、司二字的合体),每每混用,这里作"始"。"成功",简本作"成",今本作"功成"。

上博楚简《恒先》有一段话,可供参考:

  多采物先者有善,有治无乱。有人焉有不善,乱出于人。先有中,焉有外。先有小,焉有大。先有柔,焉有刚。先有圆,焉有方。先有晦,焉有明。先有短,焉有长。

有万物就有矛盾,有矛盾就有先后,和上文一样,但它更强调先后。

第三章（今本第三章）

不尚贤，使民不争。不贵难得之货，使民不为盗。不见可欲，使民不乱。是以圣人之治也，虚其心，实其腹；弱其志，强其骨。恒使民无知无欲也，使夫知不敢、弗为而已，则无不治矣。

【大义】

这一章主要是讲绝智去欲。前面讲过，有人就有欲。人，好名好利，一辈子，所有聪明劲儿，全用这上面了。尚贤，则争名；贵货，则夺利。《老子》认为，这是乱之所起。它认为，古代最聪明的帝王，都是采取愚民政策，让老百姓脑袋空空，不与人争高低，肚子吃饱，身体结实，能卖力气，而且最好一劳永逸地让他们傻下去，无知无欲，光知道什么是不敢干也不能干，就达到天下大治了。（绝智去欲）

【讨论】

"尚贤"，原作"上贤"。"上贤"即"尚贤"。《墨子》有《尚贤》篇，反对之。孔子亦尚贤，《老子》不尚贤。

"难得之货"，稀有的财货。又见下第12、64章。

"盗"，古人把侵犯财产罪叫盗，人身伤害罪叫贼。

"不见可欲"，没见过钱的穷人，往往过不了金钱关，不见还朴实可爱，一见就穷凶极恶。孔子也有"无欲则刚"的思想，他说的"无欲"是求己不求人（《公冶长》5.11）。

"使民不乱"，《淮南子·道应》作"使心不乱"，很多古书的引文都有这种写法，❶河本亦然，王本、傅本添字，作"使民心不乱"。

"虚其心，实其腹"，参看第12章："是以圣人之治也，为腹不为目，故去彼取此。"

"使夫知不敢、弗为而已，则无不治矣"，是说使民无知无欲，只是为了让他们知道什么是他们不敢做也不许做的事而已。大人教小孩，经常有很多警告，从小就讲，让他们一开始就不动为非作歹的念头。西方生活，什么东西都写着 caution，到处都是 precaution，也是这种用意。作者认为，愚民要从根子愚，不准他们干的事，要让他们连知道都不知道，想都不敢想，这才是从根本上解决问题。这段话，想本作"使智者不敢不为，则无不治"，最接近帛书本。河本、王本作"使夫智者不敢为也，为无为，则无不治"，"为无为"是后来加上去的。傅本略同河本、王本，末句作"则无不为也"，更远离本意。

❶ 蒙文通《老子徵文》，台北：万卷楼图书有限公司，1998年，24页。

第四章（今本第四章）

道盅而用之，或弗盈也，渊兮似万物之宗。挫其锐，解其纷；和其光，同其尘，湛兮似或存。吾不知其谁之子也，象帝之先。

【大义】

道以虚为用，最忌满盈。它是万物之本，是个非常深邃的东西。它能挫折锋芒，解除纠纷，和光明同在，和尘土共存，似有似无，躲在万物的背后。它比所有东西都早，比人类最老最老的老祖宗还早。（道比上帝还早）

【讨论】

"或弗盈"，"或"，原作"有"，河本、王本作"或"，想本、傅本作"又"，当读或。"盈"与下文押韵，河本、想本、王本不避讳改字，傅本改成"满"，则失韵。

"兮"，楚简用可为兮，帛书用呵为兮，下同。

"挫其锐，解其纷；和其光，同其尘"，"锐"是锋芒，"纷"

是纠纷,"光"是光明,"尘"是尘垢。"挫其锐"是挫折其锋芒,"解其纷"是解除其纠纷,"和其光"是与光明同在,"同其尘"是与尘垢共存。这几句话的大义是,道之用,在于韬光养晦,宠辱不惊,毁誉置之度外。同样的话,也见于第 56 章。想本改"纷"为"忿",以忿怒为说,另创新解,龙兴碑亦作"忿"。

"湛",也是深的意思。

"吾不知其谁之子也",指道是终极概念,即在它之前没有源头,无父无母,自己就是本源。

"象帝之先",好像是上帝的先人。帝,与蒂、嫡等字有关,本来是人格神,上帝是老祖宗的老祖宗,乃族姓所出。帝所住的帝廷是在天上,汉以来常把帝与天混为一谈,是不对的。明末,利玛窦来中国传教,曾讨论如何翻译《圣经》中的 God,最后是从中国古书里面选了"上帝"这个词(另一种翻译是"天父")。这里的问题是,帝是人所出,在他之前,有谁更古老,是创造一切而不被创造的东西,答案是道。《老子》是用道超越孔、墨,超越以人为本的各种思考,就像中国人喜欢说,我是你爹,我是你爷,我比你辈儿大,它是拿更终极的东西来压对手。人再大,大不过帝,帝再大,大不过天,天再大,大不过道。《庄子·逍遥游》讲小大之辨,也是这种讲法。它和《墨子》不一样,不是剑来枪往,跟孔子抬杠,而是绕你后边,跑你上边,把你搁里边,这么跟你干。

上博楚简《恒先》,把道称为"恒先",就是强调道的领先地位。

上篇 道经第四章 | 35

第五章（今本第五章）

天地不仁，以万物为刍狗；圣人不仁，以百姓为刍狗。天地之间，其犹橐籥欤？虚而不屈，动而愈出。多闻数穷，不若守于中。

【大义】
天地是无情无义的，它把万物当作草扎的狗，用完就扔了。圣人对百姓也是如此，并不对谁特别好，对谁特别坏。天地之间，就像鼓风的皮囊，你一拉，里面空了，它就进气，你一推，里面实了，它就出气。人生天地间，不要东跑西颠乱打听，而是尽量守着空虚。听进的东西太多，会让头脑装得太满。太满，就装不进去了。（天地像个大风箱）

【讨论】
"天地不仁"，即下第81章所谓的"天道无亲"。
"圣人不仁"，古代的圣人是尧、舜一类人物，其实是名王圣主。圣人是听人，即所谓听治之人。孔子说自己"六十而耳顺"

(《为政》2.4),耳顺是一种接近于圣的境界。天地拿万物当摆设,统治者也拿百姓当摆设。

"刍狗",草扎的狗,相当今农村葬礼用的纸人纸马。丧事一结束,就扔了。❶

"橐籥",音 tuó yuè,"橐"是囊,"籥"是管,即一种带风管的皮囊,古代的鼓风设备,类似风箱。天地好像大风箱,你一拉,里面空了,外面的气才能朝里走;你一推,里面的气反而朝外走。作者的意思是,还是空点好。

"屈",读 jué,是竭的意思。

"多闻数穷,不若守于中","多闻"是多打听,"守于中"是守其虚。作者主张绝智去欲,认为学得太多,懂得太多,头脑装不下,还不如无知一点好,就像饥饿才有好胃口。"多闻",想本同。河本、王本、傅本作"多言"。闻是听,言是说,完全不一样。古文字,听和声、圣有关,闻和问有关。听字和问字,都是秦汉才流行,早期没有。听和闻不同,听是倾听或聆听,往往居高临下,如"听政"、"听讼"的"听"都是如此。闻不是这样,它是访问和打听,主动求知。"多言"是多教,从里往外输出;"多闻"是多学,从外向里输入,意思正好相反。第20章"绝学无忧"是类似说法。《说苑·敬慎》引《金人铭》,其中有"无多言,多言多败"等语(又见《孔子家语·观周》),就是戒多言。❷

《老子》称引前人,多称"圣人",不知所据何人之言,是否有书,可考者,只有《金人铭》。这类暗合,除去此章,还有第28、42、66、79章。《金人铭》,与《逸周书》、《大戴礼·武王践

❶ 参看顾颉刚《"刍狗"》,收入他写的《史林杂识》,北京:中华书局,1963年,174—175页。

❷ 郑良树《〈金人铭〉与〈老子〉》,收入他的《诸子著作年代考》,北京:北京图书馆出版社,2001年,12—20页。

上篇 道经第五章 37

阵》引《席铭》、《楹铭》和《太公》佚文有关，应属"《周书》阴谋"类的古之遗言。《汉书·艺文志·诸子略》的"道家"类是把《伊尹》、《太公》、《辛甲》、《鬻子》、《筦子》一类书列在《老子》之前，把这类讲"政治阴谋"的书当道家著作。

第六章（今本第六章）

谷神不死，是谓玄牝。玄牝之门，是谓天地之根。绵绵兮若存，用之不勤。

【大义】

这里提到道的两个别名，一个是"谷神"，一个是"玄牝之门"。"谷神"是强调道以虚为体，"玄牝之门"是强调道以生为用。它说，天地就是从这个空空如洞的大生殖器里生出来的。（道是大子宫）

【讨论】

"谷神"，《老子》喜欢以溪谷喻道，代替道，如第15章"旷兮其若谷"，第28章"为天下溪"、"为天下谷"，第32章"譬道之在天下也，犹小谷之与江海也"，第39章"谷得一以盈"，第40章"上德如谷"，第66章"江海之所以能为百谷王者，以其善下之，是以能为百谷王"。山陵为阳，溪谷为阴，类似牝牡。谷是两山之间的河谷，它和下文的"玄牝"相似，也具有陷下和虚空的特点。水从谷出，汇为江海，也与"玄牝"生天地万物相似。

"玄牝"，也是道的别名。《老子》把道看作天地万物之母。"玄牝"就是天地万物之母的生殖器。参看第61章"大邦者，下流也，天下之牝。天下之交也，牝恒以静胜牡。为其静也，故宜为下"。《老子》喜欢用"玄"字表示幽深之义，"牝"是古人对一切雌性动物生殖器的称呼。商代甲骨文，不管什么动物，马、牛、羊、犬、鹿，都是以这些动物的象形字加匕、土，表示牝、牡。加上匕，就是牝；加上土，就是牡，不限于牛。后世把这些字统一起来，一律从牛旁，就是现在的牝、牡二字。人的生殖器，古人也这么叫：牝是女阴，牡是男阴。❶牝从匕声，读如比，古音是脂部字，其实就是今语所谓的屄。古语，牛屄叫牝，人屄也叫牝。❷唐白行简《天地阴阳交欢大乐赋》(敦煌本)有两个怪字，"𡱒"是女阴，"𡲰"是男阴。我怀疑，"𡱒"就是唐代的屄字。❸马王堆房中书《合阴阳》用"玄门"指阴门，是借用《老子》的术语。"玄牝"借女阴喻道，❹虽非实指，却是借用房中的概念，讲道的生生不已。这一概念，和房中术有很大关系。古代思想家，不是现在所谓的科学家，他们不爱从定义出发，一开口，先给概念下定义。他们更爱打比方。打比方的东西都是借自生活。这种语言很生动。你想，谁不是从娘肚子里爬出来的。万物打哪儿来，天地打哪儿来，这都是很自然的联想。玄牝是什么？就是道母（大道妈妈）的阴门、阴户。它里面的阴道、产道，很深，像个无底洞，前面连着子宫，子宫是产儿待的地方。这话搁现在，翻成白话，当然是粗口，历来的注家，谁都知道是

❶ 参看：郭沫若《释祖妣》，收入他的《甲骨文字研究》，《郭沫若全集》，考古编1，北京：科学出版社，1982年，19—64页。郭氏说，商代把人的男女祖先叫做"祖妣"，就是来自且、牝二字。

❷ 如嫌不雅，可缓读之。前者是"牛布衣"（牛布衣是《儒林外史》的人物），后者是"布衣"。

❸ 闽南话读屄如 bià，内蒙的晋北移民则称女阴为"bǎnliū"。

❹ 任继愈说："'牝'是一切动物的母性生殖器官。'玄牝'是象征着深远的、看不见的生产万物的生殖器官。老子把物质的不断变化这一作用当作万物发生的根源。参看《朱子语类》卷一百二十五。"（《老子今译》5页）案：《朱子语类》卷一二五说，"雌雄谓之牝牡"，就像木器有卯眼可以容纳榫子，门户有门闩孔可以插门闩，锁子有钥匙孔可以插钥匙，"玄者，谓是至妙底牝，不是那（哪）一样底牝"。《老子绎读》14页除保存旧说，还补充李挺说，谓云南剑川县有古洞，门口刻有女性生殖器，题为"玄牝之门"。

什么意思，但谁都不好意思说，全在那儿绕。这样的话，搁现在，有人敢说，有人不敢说，体面人、知识分子不敢说，老百姓才不管这个，他们都是张口即来。❶老子讲话，很直白，很大胆，和老百姓一样，直来直去。《老子》论道，是以天地之道和人的身体为基础。他说的道，与数术、方技分不开。我说，读《老子》有两把钥匙。一把是数术，一把是方技，道理就在这里。

"玄牝之门"，道是宇宙生殖器，道生天地万物，得有一个出口，就像妇女生孩子，要自产门（即阴门、阴户）出，这个出口，就叫"玄牝之门"。

"天地之根"，指道生天地，为天地的本源。《想尔注》："牝，地也，女像之。阴孔为门，死生之官也，最要，故名根。男荼亦名根"，"能得此道，应得仙寿。男女之事，不可不勤也。"该书用根字指女阴，并说"男荼亦名根"，❷当然是张道陵的曲说。男根、女根、命根，佛经常见，但汉籍几乎没有这种说法。这种说法可能与佛教有关，值得考察。

"绵绵兮若存"，乙本"兮"下多"其"字，今本无。

"用之不勤"，"勤"有尽竭之义，古音也与尽相近（勤是群母文部字，尽是从母真部字）。任继愈指出，《淮南子·主术》"力勤才匮"的"勤"就是这种用法。❸

古人以天地交媾讲宇宙万物，是个传统。如白居易的弟弟白行简，他有一篇《天地阴阳交欢大乐赋》（敦煌本）：

> 玄化初辟，洪炉耀奇。铄劲成健，镕柔制雌。铸男女之两体，范阴阳之二仪……

❶ 最近有个话剧，叫《阴道独白》。它说，广大妇女同胞，咱们要敢于说出这个大家难以启齿的词。

❷ 男荼，待考。我曾以此请教北大东语系的陈明先生。他有两个推测，一种可能是与"般荼迦"（pandaka，黄门，被刑男根）有关，一种可能是与"根"（indriya）有关。

❸ 任继愈《老子绎读》，15页。

就是以天地交欢讲男女交欢，说天地是个大熔炉，生孩子好像炼铜炼铁。这是我国很有传统的说法。马王堆帛书《胎产书》，就是用冶金术语讲生孩子。丹家还把女子叫鼎炉。

明代小说《肉蒲团》，开头有一首词（《满庭芳》）：

  黑发难留，朱颜易变，人生不比青松。名消利息，一派落花风。悔杀少年不乐，风流院，放逐衰翁。王孙辈，听歌金缕，及早恋芳（药）〔丛〕。

  世间真乐地，算来算去，还数房中。不比荣华境，欢始愁终。得趣朝朝（燕）〔暮暮〕，酣眠处，怕响晨钟。睁眼看，乾坤覆载，一幅大春宫。

天地是大春宫，道是大子宫。原来，古人是这么讲话。

第七章（今本第七章）

天长地久。天地之所以能长且久者，以其不自生也，故能长生。是以圣人退其身而身先，外其身而身存。不以其无私欤，故能成其私？

【大义】

上面讲道生天地，这里讲天地本身。作者说，天长地久，原因是天地不创造自身。圣人能保全自我，成全自我，原因是他能退其身，外其身，超越自我，这是模仿天地。(**别拿自己当回事**)

【讨论】

"天地之所以能长且久者，以其不自生也，故能长生"，道生天地，天地不生天地，只生万物，故能长生。万物，相生相克，不能长久。

"退其身而身先，外其身而身存"，"身"是《老子》的重要概念，除去此章，还见于第9、13、16、26、44、52、54、66

章。"退"字，今本多作"後"，古文字，退与後，写法相近，常混淆。

"不以其无私欤，故能成其私"，想本改"私"为"尸"，以尸行为说，另创新解。

第八章（今本第八章）

上善似水，水善利万物而有静。居众人之所恶，故几于道矣。居善地，心善渊，予善人，言善信，政善治，事善能，动善时。夫唯不争，故无尤。

【大义】
作者认为，道德境界最高，像水。水是作者常用的一种比方。它强调，道贵柔弱，道贵低下，就像水善利万物，而不与万物争，非常安静。俗话说，人往高处走，水往低处流。但作者却说，能居众人之所恶，如居下流，水潦归焉，是近于道的境界。达到这种境界，将有七善，对人对己，对什么都很好。人，只有与世无争，才能避免各种不利。（*人往低处走*）

【讨论】
"上善似水"，"似"，原作"始"，可以借读为似。乙本作"如"，今本作"若"，均与"似"同义。

"水善利万物而有静"，"有静"，乙本作"有争"。今本作

"不争",是因为作"争"读不通,遂把"有"改为"不"。这里作"有静"。

"居众人之所恶",俗话说,人往高处走,水往低处流,能不能反过来说?子贡说:"君子恶居下流,天下之恶皆归焉。"(《论语·子张》19.20)"下流"就是水的下游。一般人都认为,众恶所归,好像臭水坑,脏水都流到自己那儿,是很倒霉的事,但作者却说,这是接近于道的境界。

"予善人,言善信","善人",是好人,聪明人。这个词又见第27、62、81章。古书中的"善人",可以是一般的好人,也可以是很高的评价。比如孔子,就把"善人"当作大好人,仅次于"圣人",和"仁人"差不多。孔子说,"善人"都是死人,他根本见不着(《论语·述而》7.26)。❶ 这两句,甲本有脱文,作"予善,信",乙本作"予善天,言善信",河本、想本、王本作"予善仁,言善信",傅本作"予善人,言善信"。高明说,甲本当据乙本补,作"予善天,言善信",❷ 我想,甲本也有可能作"予善人,言善信","天"是"人"之误。

❶ 李零《丧家狗》,太原:山西人民出版社,2007年,154—156页。

❷ 高明《帛书老子校注》,北京:中华书局,1996年,256—257页。

第九章（今本第九章）

揷（殖）而盈之，不若其已。揣而锐之，不可长保也。金玉盈室，莫之守也。贵富而骄，自遗咎也。功遂身退，天之道也。

【大义】

钱财，搁手里，不满足，得让钱生钱，利生利，越攒越多。这种想法，特无聊，不如趁早拉倒。聚敛无已，到头来，总是保不住。就算金玉满堂，又怎么样？也不可能永远搂在自己怀里。富贵了就神气，一阔脸就变，是自找倒霉。功成身退，才符合天道。（见好就收）

【讨论】

此章有简本。

"揷"，简本作"朱"，帛书整理者读持，简本整理者读殖，今本作"持"。攒钱，古人叫"货殖"，《史记》有《货殖列传》。现在看来，还是读殖更好。

"揣而锐之","揣"可训持,"锐"是銳之误,简本作"群",疑读为群或捃,是聚敛之义。❶ "揣",甲本缺,乙本作"掘",河本、想本、王本作"揣",傅本作"敝",这里读"揣"。

"金玉盈室",简本、严本注(佚文)、傅本同,河本、王本作"金玉满堂",想本作"金玉满室"。"满"是避汉惠帝讳改字。

"莫之守也",乙本作"莫之能守也",简本作"莫能守也",今本作"莫之能守"。

"贵富",今本作"富贵",简本、帛书本作"贵富"。

"功遂身退",河本作"功成名遂身退",想本作"名成功遂身退",傅本作"成名功遂身退",都多出"成"、"名"二字,《文子·上德》、《淮南子·道应》"功成名遂身退",或即所本。

❶ 李零《郭店楚简校读记》(增订本),北京:北京大学出版社,2002年,7—8页。

第十章（今本第十章）

载营魄抱一，能无离乎？抟气致柔，能婴儿乎？涤除玄鉴，能毋疵乎？爱民治国，能毋以知（智）乎？天门启阖，能为雌乎？明白四达，能毋以知（智）乎？生之畜之，生而弗有，长而弗宰也，是谓玄德。

【大义】

呱呱坠地的小孩最有生命力。《老子》喜欢拿小孩打比方。

《老子》的道德哲学是生命哲学、活命哲学。它拿小孩打比方，最能传达这类想法。

《老子》美化小孩，是取其未发展。小孩刚生下来，都是粉红色的小肉团，最可爱。这个小肉团，无知无识，抱着一股精气神，身体非常柔软。

《老子》问，我们能负阴抱阳，紧紧怀抱父母所赐的灵魂，就能像刚出生的小孩，骨弱筋柔，呼吸匀停，永远保持最初的生命力吗？我们能心如明镜，一尘不染，爱民如子，治国有方，却不靠智慧吗？我们能心与道通，豁然开朗，知雄守雌，摒弃聪明吗?

他说,人的最高道德,是叫"玄德"。玄德,就像生小孩、养小孩,要顺其自然,不要人为控制。(养生如养婴儿)

【讨论】

"载营魄抱一,能无离乎","载"犹负也,是承载的意思,"营魄"是阴魄,代表雌性或女性,"一"是道的别名。"载营魄抱一",就是负阴抱阳。"能无离乎",能不离开"营魄"和"一"吗?古人认为,人的灵魂,有阴阳之分,阳的叫魂,阴的叫魄。❶道是"无中生有"的"无",它的另一种表达是"大"或"一",合起来叫,就是所谓"大一"(或"太一")。"道"是"无中生有"的"无","一"是"无中生有"的"有",二者互为表里,是同一概念的两种表达。《老子》以一称道,除去此章,还见于第14、23、39、42章。道,以至大无外叫大,以至深无底叫玄,以万物之源叫牝,以独一无二叫一,有很多别名。

"抟气致柔,能婴儿乎",这是形容婴儿出生后的状态。"抟",揉合,乙本作"槫",今本作"专",专字也可读为抟。《说文·女部》把专一的专写成嫥。"婴儿",即"赤子"。"婴儿"见第20、28章,"赤子"见第55章。小孩刚生下来,只会哭,不会笑,往往数周后才会笑。只会哭的小孩叫"婴儿",会笑的小孩才叫"孩"。小孩刚生下来,都是粉红色的小肉团,所以也叫"赤子"。《老子》喜欢的小孩,是刚生下来的小孩。婴儿是已出生而未发展的生命,就像未经剖分雕琢的璞玉,是养生的最高境界。这段话,和另外两段话非常相似,一段话是第28

❶ 魂,死后归天。魄,死后归地。魂可以不附于体,死后就离开身体,俗话说"魂不附体",魄却始终附于身体,所以有"体魄"一词。月之光明也叫魄。

章,作"知其雄,守其雌。……为天下溪,恒德不离。恒德不离,复归于婴儿";一段话是第42章,作"万物负阴而抱阳,冲气以为和"。"载营魄抱一"就是负阴抱阳、知雄守雌,"能无离乎"就是不离恒德,"抟气致柔"就是冲气为和。《老子》提到气,除此,还有第42、55章。

"涤除玄鉴,能毋疵乎","玄鉴","玄"有幽黑之义,"鉴"是镜子,这里指心灵;"能毋疵乎",意思是能没污点吗?这里的"毋"相当于无。我们常说,心里跟明镜儿似的,就是用心灵比镜子。汉代铜镜铭文:"纳清质以照明,光辉象夫日月。心忽扬而愿忠,然壅塞而不泄。絜精白而事君,患污秽之弇明。被玄锡之流泽,恐疏远而日忘。怀媚美之穷竭,外承欢之可悦。慕窈窕之灵影,愿永思而毋绝。"便写到心和镜的关系。中国古代的镜子是用所谓"玄锡"和青铜合成,都是黑亮黑亮的镜子,和现在的水银镜不一样。鉴是水盆,以盆盛水,以水鉴容,这是鉴字的本义。后世易之以镜,仍袭其名而称鉴。鉴是镜的同义语。帛书"鉴"字是用通假字,甲本作"蓝",乙本作"监",今本作"览",都应读为鉴。

"爱民治国,能毋以知(智)乎",注意,"治国"不作"治邦";"能毋以知乎",意思是能不依赖智慧吗?在《老子》中,"毋以"还有一种用法,是表示否定性的结果。如第30章"善者果而已矣,毋以取强焉",第39章"其致之也,谓天毋以清将恐裂,谓地毋以宁将恐废,谓神毋以灵将恐歇,谓谷毋以盈将恐竭,谓侯王毋以贵以高将恐蹶",和这里的用法不太一样。下句,河本作"能无为",想本作"而无为",王本作"能无知乎",傅本作"能无以知乎"。傅本最接近帛书本。

"天门启阖,能为雌乎",什么是"天门"?"天门"有许多不同含义。一是天官时日类的概念,如式法书和日书中的天门,不管指天门星,还是指天宫之门、通天之门,与地户相对的门,都是跟天有关系的门;二是医家、养生家讲的天门,则指两眉间的天庭;三是道教讲的天门,则指心或鼻孔。这些用法,都不是这里所说的天门。《庄子》两用此语,可能最接近《老子》的用法。一次是作"故曰,正者正也。其心以为不然者,天门弗开矣"(《天运》),是说用心不正,则天门不开,心灵不能达于道;一次是作"天门者,无有也,万物出乎无有"(《庚桑楚》),则是以天门为道门,即"玄牝之门"、"众妙之门"。"天门启阖",就是打开天门的门户,心灵开窍,通于神明,达于道。"启阖",今本作"开阖","开"是避汉景帝讳改字,"阖"音 hé,指门户,不是开合的合。《孙子·九地》有"敌人开阖",银雀山汉简本作"敌人开阓"(阓音 huì),阓也是门户。"能为雌乎",是守雌的意思。上文的"载营魄抱一","营魄"就是雌性的灵魂。想本改"天门"为"天地",另创新说。

"明白四达,能毋以知(智)乎","明白四达"是形容人的精神世界豁然开朗;"能毋以知(智)乎",也是强调去智。下句"能毋以知(智)乎",当是古本原貌。《淮南子·道应》、《文子·道原》都有这种写法。今本故意让两者不一样。河本,上文作"能无为",下文作"能无知";王本,上文作"能无知乎",下文作"能无为乎",傅本,上文作"能无以知乎",下文作"能无以为乎"。

上面十二句，是一种连环句式。头四句是一组，中间四句是一组，最后四句是一组。头四句，"载营魄抱一"与"抟气致柔"在意思上是连着的。中间四句，"涤除玄鉴"与"爱民治国"在意思上是连着的。最后四句，"天门启阖"与"明白四达"在意思上是连着的。

"生而弗有，长而弗宰"，今本"弗"作"不"，下面多出"为而不恃"，"为而不恃"见第2章（作"为而弗恃也"），《庄子·达生》"为而不恃，长而不宰"，或即所本。

"是谓玄德"，"玄德"是最深厚的德，又见第51和第65章。"孔德"（第21章）、"恒德"（第28章）、"广德"（第40章）、"建德"（第40章），是类似的词。

第十一章（今本第十一章）

卅辐同一毂，当其无，有车之用也；埏埴为器，当其无，有埴器之用也；凿户牖，当其无，有室之用也。故有之以为利，无之以为用。

【大义】

《老子》认为，虚、实各有各的用处，实的用处比较直接，往往是支撑性的东西，没有它，整个结构就撑不起来。但虚也很重要，其实更重要。比如车轮，没有车毂纳车辐，车就没法用；器皿，没有盛东西的虚处，器就没法用；房子，只有屋顶和墙，没有门窗，也不能住人。

它说，"有"只是"利"，"无"才是"用"，"有"是可用之物，"无"才是用途本身。（无有无的用处）

【讨论】

"卅辐同一毂"，"卅"音 sà，原为三十的合文，后来省去合文号，成为单独的字；"辐"是车轮的辐条；"同"，今本作

"共",旧说读为"拱",这种写法,见于《文子·上德》、《史记·太史公自序》,或即所本;"毂"音 gǔ,是车轮的构件,外有凿纳辐,内有孔容轴。马车是中亚草原地区的伟大发明,先后传播于埃及、西亚和其他地方。我国的马车,年代晚一点,最早的发现,是商代晚期的。埃及、西亚的马车,毂在车厢的后缘,辐比较稀,早期是 4 辐、6 辐,晚期是 8 辐、12 辐、16 辐。我国的马车,形式不太一样,毂在车厢的中间,辐比较密,往往有几十根。30 辐的车子,战国晚期到秦汉时期,比较常见。比如秦始皇陵陪葬坑出土的两件铜车马就都是 30 辐,和《老子》所述一样。

"埏埴",音 shān zhí,和泥。埏是揉,埴是细黏土。

"凿户牖","凿",也叫穿;"户",门扇;"牖"音 yǒu,窗户。今本在这句后面添油加醋,多了"以为室"三字,目的是与下文的"当其无,有室之用也"相应。

"故有之以为利,无之以为用","有"是器本身,可用叫"利","无"是器之用,以所用为"用"。我打过一个比方,杯子是用来盛水的,没有杯子,水就洒了,这是硬道理,但我们喝的是水,不是杯子,这是软道理。水放在哪里?肯定是放在杯子的虚处,而不是它的实处,可见"无"和软道理关系更大。

车毂无空,则外不能持辐,内不能容轴,车无轮轴,则不能行;陶器,没有空虚的部分,也无法盛东西;房屋没有门窗,人不能出入,住在里面,没法采光透气。这都是讲无的用处。

无有无的用处。自行车道不能只有一轱辘宽,画家都懂得留白的意义。

第十二章（今本第十二章）

五色，使人目盲；驰骋田猎，使人心发狂；难得之货，使人之行妨；五味，使人之口爽；五音，使人之耳聋。是以圣人之治也，为腹不为目，故去彼取此。

【大义】

《老子》主张绝智去欲，放弃犬马声色等感官享受。它说，圣人治天下，关键是要解决老百姓的吃饭问题，而不是让他们眼花缭乱，追求这类奢侈享受。（吃比看更重要）

【讨论】

"五色，使人目盲"，"五色"是青、赤、黄、白、黑。太多的视觉享受，会让人的眼睛瞎掉，这是夸张的说法。

"驰骋田猎，使人心发狂"，驾车打猎，纵马狂奔，会让人心发狂。"犬马声色"的"犬马"是属于这类享受。

"难得之货，使人之行妨"，一般理解，是说宝物使人的行为有害。但更合理的解释恐怕是，这里的"行"是指行路，它的意思是说，身带宝物，容易遭人抢劫，走在路上，很不方便。

"五味，使人之口爽"，"五味"是酸、苦、甘、辛、咸。太多的味觉享受，会让人的味觉丧失，吃什么好东西都没滋没味。如《庄子·天地》"五味浊口，使口厉爽"，《淮南子·精神》"五味乱口，使口爽伤"，其中的"爽"字都是这个意思。"爽"，高明读丧，以为伤、败之义。❶ 其实，爽字的古文字写法，和桑、丧二字本来就是同一个字。爽字本身就有丧失之义，如"爽约"是失约，"爽法"是失法，"爽德"是失德。更准确地说，爽的意思是丧，还不是伤。

"五音，使人之耳聋"，"五音"是角、徵、宫、商、羽。太多的听觉享受，会让人的耳朵聋掉，这也是夸张的说法。

上面五条都是讲奢侈的感官享受（没讲触觉和嗅觉），今本把"五色"、"五音"、"五味"排在前面，把"驰骋田猎"和"难得之货"排在后面，文理更顺。

"圣人之治也"，今本删"之治也"，连下读。

"为腹不为目"，前面有"圣人之治也"，可见是讲老百姓。前面讲过，圣人都是好领导，特别聪明的统治者。他们聪明在什么地方？就是能满足老百姓的基本需要，能解决他们的吃饭问题。这叫"为腹"。"为目"不一样，是追求奢侈，不是为了生存需要，而是为了感官享受，不光是视觉享受，也包括其他享受，包括大吃二喝，一直吃到上吐下泻，把人都吃伤了为止。这些享受，要的是炫耀和虚荣，看上去很带劲儿。俗话说，吃饱了撑的，它们都是吃饱了才追求的东西。

"故去彼取此"，"彼"指"为目"，"此"指"为腹"。东周时

❶ 高书，274 页。

代,上流社会淫糜奢侈是大问题,诸子都反对,但反对的方式不一样。孔子讲礼贵俭,墨子讲节用节葬,《老子》也提倡朴素的生活。作者的意思是,人,吃饱喝足就得了,何必追求奢侈,所以说"故去彼取此"。这句话,是《老子》的口头禅,也见于下面的第38章和第74章。

动物的生存需要,止于食物和繁衍,人也有这两大需求。统治者要满足人民的这两大需求,这是起码。但光这两条,则如同牛马。古代统治者,都把百姓当牛马。知识分子出主意,逃不脱这个思路。

第十三章（今本第十三章）

宠辱若惊，贵大患若身。何谓宠辱若惊？宠之为下，得之若惊，失之若惊，是谓宠辱若惊。何谓贵大患若身？吾所以有大患者，为吾有身也；及吾无身，有何患？故贵为身于为天下，若可以托天下矣；爱以身为天下，如可以寄天下矣。

【大义】

《老子》贵身，认为身体最重要，比天下都重要，宠辱得失，皆身外之物，不值得大惊小怪。(**身体比天下还重要**)

【讨论】

此章有简本。

这段话，反复使用"若"字。这个字，古书有如同、以至、乃、则等义，随文而异。

"宠辱若惊，贵大患若身"，简本前面有"人"字，意思是常人往往"宠辱若惊，贵大患若身"。"宠"是光荣，"辱"是耻辱。宠辱是外界对你的评价，应该置之度外，被人夸是意外，被人骂也是意外，别往心里去，但一般人不是这样，总是受宠若惊，受辱也若惊，患得患失，想得宠，怕受辱，把这些身外之物，看得太重，好像和身体一样重要。这里的"若"是如同之义。

"何谓宠辱若惊？宠之为下。得之若惊，失之若惊，是谓宠辱若惊"，这是解释"宠辱若惊"。宠和辱相反，宠也好，辱也好，都是身外之物，但作者说，首先要能看破宠。常人总是希望得宠，害怕失宠，其实宠才最不重要，属于"下"。"宠之为下"，河本作"何谓宠辱？辱为下"，想本作"何谓宠辱为下"。❶ "是谓宠辱若惊"，简本无"若"字。

"何谓贵大患若身？吾所以有大患者，为吾有身也；及吾无身，有何患"，这是解释"贵大患若身"。作者指出，人生与忧患俱来，你要想清楚，大患和身体总是在一块儿，只要有身体，就会有生老病死，四大烦恼，以及其他不愉快。人类历史，一直是苦难史，我说这类话，不是太悲观。其实，人生太完满，也是大遗憾。

"故贵为身于为天下，若可以托天下矣；爱以身为天下，如可以寄天下矣"，这段话的意思是，只有把"为身"（伺候身体）看得比"为天下"（伺候天下）还重要，或只有喜欢把身体当天下一样看待，才能把天下交给你，上下互文，彼此平行。"若"和"如"，古书经常换用，简本和王弼本，上下两处都作"若"。"托"和"寄"，简本作"托"和"去"（原有辶旁），如果"去"是去掉，这两句话的意思就大不一样，等于说，视身重于天下，

❶ 河本、想本是同一系统，两者相近。王卡点校《老子道德经河上公章句》（北京：中华书局，1993年）于"辱为下"上补"宠为上"。

可以托天下；视身同于天下，不妨去天下。但"去"也有可能是通假字（去是溪母鱼部字，寄是见母歌部字，古音相近）。这两个字，今本顺序不同，或"寄"在前而"托"在后，或"托"在前而"寄"在后，古书引文也往往如此。这里的"若"是乃、则之义。

此章，重点是讲贵身，《庄子·让王》说，"道之真，以治身；其绪余，以为国家；其土苴，以治天下。由此观之，帝王之功，圣人之余事也，非所以完身养生也。"《吕氏春秋·贵生》也有这段话，"治身"作"持身"。这是最典型的道家思想。它贵身，不是贵修身，而是贵养生（或摄生、护生），认为治国是养生的延续，治天下是养生家玩剩下的垃圾。

人常常忘记他们过于熟悉的东西。身体对人最重要，但人最容易忽略的就是身体。只有当它的零件坏了，才会猛然想起，它对我们多重要。那时，你会觉得，吃喝拉撒睡，只要能正常活着，就是莫大幸福。

第十四章（今本第十四章）

视之而弗见,名之曰微;听之而弗闻,名之曰希;捪之而不得,名之曰夷。三者不可致诘,故混而为一。一者,其上不皦,其下不忽。寻寻兮不可名也,复归于无物。是谓无状之状,无物之象,是谓忽恍。随而不见其后,迎而不见其首。执今之道,以御今之有,以知古始,是谓道纪。

【大义】

这一章也是论道。作者说,道是神秘莫测的东西,看不见,听不到,也摸不着。看不见叫"微",听不到叫"希",摸不着叫"夷"。这三样加一块儿,混在一起,也叫"一"。它的特点是,说亮不亮,说暗不暗,绵绵不绝,不知叫什么好,其实是一种说不清也道不明的"无物"。它没有形,没有象,恍恍惚惚,不可名状。我们跟在它的后面,顺着看,看不见它的尾巴;我们跑到它的前面,迎着看,又看不见它的头。它是一条线索。我们用今天的道,观察今天的世界,才能知道古代的事情,这就是所谓"道纪"。（道是贯穿古今的一条线）

【讨论】

"微",训隐,和显相反,是不容易看见。今本作"夷",是把下文的"夷"错放在这一句。

"希",是不容易听见,本书第40章有"大音希声"的说法。

"捪",音mín,是抚摸的意思,今本作"搏"(或再讹为"抟"),是博取之义,比捪通俗,但意思已变味。《庄子·知北游》"搏之而不得也",或即所本。

"夷",训平,是光秃秃,什么也摸不出来的意思,今本作"微",是把上文的"微"错放在这一句。

《老子》用微、希、夷三字形容道。中国的北伐名将叶挺,字希夷,就是取典于此。

"不可致诘",不可深究。"诘",原作"计",乃通假字。计是见母质部字,诘是溪母质部字,古音相近。

"一",是道的别名。

"皦",是明亮的意思,原作"谬",字与膠通,乃通假字。皦是见母宵部字,膠是见母幽部字,古音相近。

"忽",是晦暗的意思。忽有昧义,今本作"昧",乃同义换读。

"寻寻",可能是通假字,今本作"绳绳"(但想本作"蝇蝇"),是绵绵不绝的意思。寻是邪母侵部字,绳是船母蒸部字。

"随而不见其后,迎而不见其首",今本互倒,先讲首,再讲后。

"执今之道,以御今之有,以知古始,是谓道纪",这段话,帛书本和今本不一样，帛书本的意思是，既然道这个东西，"随而不见其后，迎而不见其首"，过去和将来，两者都很难知道，就必须从今天入手。只有用今天的道理弄清今天的事情，然后才能知道古代是什么样，原来是什么样。今本把"执今之道"改为"执古之道"，其实是窜改。这等于说，只有以古御今，才能懂得今。我看还是帛书本更好。

第十五章（今本第十五章）

古之善为道者，微妙玄达，深不可识。夫唯不可识，故强为之容。曰：豫兮其若冬涉水，犹兮若畏四邻，俨兮其若客，涣兮其若凌释，沌兮其若朴，混兮其若浊，旷兮其若谷。浊而静之，徐清；安以动之，徐生。保此道，不欲盈，夫唯不欲盈，是以能敝而不成。

【大义】

这一章是讲"为道"、"保道"，即追求道、保守道。《老子》说，古代善于为道的人，真是妙不可言，深不可测。不可言，不可测，怎么办？只好勉强打点比方。它一连打了七个比方。前三句是说，他们对待各种事，都是小心翼翼。后四句是说，他们的精神状态，是慢慢悠悠、混混沌沌、空空荡荡。

作者说，事物的由浊到清，由静到动，都得慢慢来。道忌发展，一发展，道就散，所以它最反对"盈"，反对"成"，绝不追求完满，东西坏了就让它坏了。（破罐破摔）

【讨论】

此章有简本。

"古之善为道者",傅本同此,简本、河本、想本、王本作"古之善为士者"。

"微妙玄达","玄"有深义;"达"有通义,今本作"通"。下文"深不可识"正有"深"字。

"深不可识",各本如此,只有《老子》这么讲,古书最常见的说法是"深不可测"。测是初母职部字,识是章母职部字,这两个字,也可能是通假字。

"强为之容",强为之形容。

"豫兮其若冬涉水",犹犹豫豫,好像冬天涉水,如履薄冰,战战兢兢。"水",今本多作"川",《文子·上仁》"豫兮其若冬涉川",或即所本。

"犹兮若畏四邻",犹犹豫豫,好像害怕邻国入侵。

"俨兮其若客",恭恭敬敬,好像到人家作客。"客",王本误为"容"。

"涣兮其若凌释",涣涣散散,好像冰河融化。"凌释",想本作"冰将汻"。

"沌兮其若朴",混混沌沌,好像没有修治的木材。

"混兮其若浊",混混沌沌,好像一潭污水。

"旷兮其若谷",空空荡荡,好像幽静的山谷。

"浊而静之,徐清",浊水,让它静下来,变清,要慢慢来。

"安以动之,徐生",安静的东西,让它动起来,也要慢慢来。

"敝而不成"，傅本同此。"敝"是损坏，"成"是完美，正好相反。"敝"作动词，也有成全之义。比如孔子所谓"成人"（《论语·宪问》14.12），就是指完美的人，"君子成人之美，不成人之恶"（《颜渊》12.16），就是成全别人的长处，不成全别人的短处。这句话的意思是，东西坏了就让它坏了，不必求其完整或完美。此句，河本、王本作"蔽不新成"，想本作"能敝复成"，意思是坏了就不要更新，意思有变化。《淮南子·道应》"故能敝而不新成"，《文子·九守》"是以敝不新成"，或即所本。《后汉书·孟敏传》有"不视堕甑"的典故，说罐子打了就打了，看都不看一眼，俗话说，"破罐子破摔"，随它去吧，就是这个意思。

第十六章（今本第十六章）

致虚，极也；守静，笃也。万物并作，吾以观其复也。夫物云云，各复归于其根。归根曰静，静，是谓复命。复命，常也；知常，明也。不知常，妄；妄作，凶。知常，容。容乃公，公乃王，王乃天，天乃道，道乃久，没身不殆。

【大义】

这一章是讲清静无为，坐观万物之化，回归本源。本源是道。文中有四个"复"字。观复、复根、复命，都是强调复归于道。（天大地大，不如道大）

【讨论】

"致虚"至"各复归于其根"，简本有这一段。

"致虚，极也"，"致"是使至，"极"指尽力。

"守静，笃也"，是说守静勿动，非常执著。"守静"，简本作"守中"。上第5章有"多闻数穷，不若守于中"。

"吾以观其复也"，简本作"居以须复也"，今本作"吾以观其复","居"、"须"都是错字。居和吾,须和观,字形相近,容易写错。

"容",有容乃大。这个字很重要,后面的公、王、天、道,一个比一个大,后面的可以包容前面的。大可容小,小不能容大。《墨子》常说"王公大人",王、公在人里就是最大的了,但不如天大。天大地大,又不如道大。

"公乃王,王乃天",想本改"王"为"生",以成曲说,注云:"能行道公政,故能常生。"

"没身不殆",到死都没有危险。

第十七章（今本第十七章）

　　太上，下知有之；其次，亲誉之；其次，畏之；其下，侮之。信不足，焉有不信，犹兮其贵言也。成功遂事，而百姓谓我自然。

【大义】

　　这段话是讲取信于民。老百姓对统治者信任，关系会比较平淡；不信任，才拍他、怕他或戏弄他。作者认为，只有少说话，才能取信于民，不但把事办成，老百姓还觉得自然而然。（合乎自然的统治）

【讨论】

　　此章有简本。

　　"太上，下知有之；其次，亲誉之；其次，畏之；其下，侮之"，这是讲老百姓对君长的四种态度：最好，是下知有君，但关系比较疏远；其次，是亲近他，赞美他；其次，是怕他躲他；其次，是逗他耍他。"亲誉之"，简本同；河本、想本作"亲之誉之";王本作"亲而誉之";傅本作五项,"亲之"之下又有"其次",作"其次,誉之",都是添油加醋。

"信不足,焉有不信",意思是为君者信用不足,所以百姓才不信任他。"焉"是乃的意思,不能断在上句。

"犹兮其贵言也",简本作"犹乎其贵言也","犹"是犹豫的意思。信是说话算话,这里是说,为君者要慎言少说。

"成功遂事",简本作"成事遂功",河本、王本、傅本作"功成事遂",想本作"成功事遂",意思相同。

"而百姓谓我自然",《老子》主张少听少说,上文说"犹兮其贵言也",就是强调慎言少说,慎言少说,才能得其自然。下第24章有"希言自然",就是这个意思。简本作"而百姓曰我自然也",今本作"百姓皆谓我自然"。《老子》喜欢讲"自然"。自然是自然而然,事情本来怎么样就让它怎么样。

第十八章（今本第十八章）

故大道废，焉有仁义。智慧出，焉有大伪。六亲不和，焉有孝慈。邦家昏乱，焉有贞臣。

【大义】

先秦诸子都认为，他们是生活于乱世。乱世为什么乱，他们各有各的解释。孔子认为是不讲仁义道德，《老子》不这么看。它认为，世界这么坏，主要是因为大道废，大家都不循自然之理。大道废，才讲仁义。智慧出，才有大伪。仁义、智慧，都是人为的东西，虚假的东西。家不和，才大讲孝慈。国不宁，才大讲忠信，道理一样。总之，不是因为没道德，社会才乱，而是因为社会乱，才没道德。（大道废，才讲仁义）

【讨论】

此章有简本（但缺第三、第四句）。

"大道"，是自然之理。

"焉"，也是乃的意思。竹简本和帛书本都是用安为焉，傅本的前两句正作"焉"。这样的焉字，后世有点陌生，河本、想本、王本把它们删掉了。

"智慧出，焉有大伪"，简本无这两句。

"邦家"，即后世的"国家"。邦家改国家，是汉代避高祖讳改字，并无深意。

"贞臣"，傅本同；简本作"正臣"，字相通；河本、想本、王本作"忠臣"，"忠臣"更通俗。《慎子》佚文（《意林》引）、《淮南子·道应》作"国家昏乱有忠臣"，或即所本。

这里，"仁义"、"孝慈"、"贞臣"是和"大伪"并列，都是乱世的产物，有明显的负面含义。《老子》这么讲，和我的生活经验很吻合。道德的供求规律是，越缺什么，才越吆喝什么。比如大讲荣辱，一定是因为不讲荣辱的事太多。文人笔下的侠客和奇女子，就是这么想出来的。西方盛产科学幻想，我们盛产人文幻想。我把这类幻想叫人文幻想。

第十九章（今本第十九章）

绝圣弃智，民利百倍；绝仁弃义，民复孝慈；绝巧弃利，盗贼无有。此三言也，以为文未足，故令之有所属：见素抱朴，少私而寡欲。

【大义】

作者说，断绝聪明智慧，老百姓会获利百倍。断绝仁爱正义，老百姓会敬老爱幼。断绝奇技淫巧，盗贼会从此绝迹。这三条，还没把我的意思全都说出来，所以我要归纳一下，把我的想法集中在一点：外表要朴实无华，内心要一片天真，内无私心，外无所求。（返朴归真，清心寡欲）

【讨论】

此章有简本。

"绝圣弃智"，简本作"绝智弃辩"。圣是聪明，智是智慧。

"绝仁弃义"，简本作"绝伪弃诈"。"诈"，原从心虘（音cuó）声，裘锡圭释诈，本来很正确，后来改释虑，反而错误。❶

❶ 李零《郭店楚简校读记》（增订本），15页；上博楚简《三德》篇的释文和注释（李零），收入马承源主编《上海博物馆藏上海楚竹书》，上海：上海古籍出版社，2005年，289页。

"民复孝慈",简本作"民复季子"。或说"季子"是本来面貌,相当婴儿,不可信。季子是少子,小儿子,不等于婴儿,回归季子,简直不像话。我理解,季是孝之误,子是通假字。

"绝巧弃利,盗贼无有",简本在"绝圣弃智,民利百倍"后,顺序不同。

"此三言也,以为文未足,故令之有所属",古人说的"言",可以是一个字,也可以是一句话。这里的"三言"是三句话。这段话,简本差异较大,作"三言为吏不足,或命之或乎豆",上句的"吏",有两种可能,一种是文字之误,一种是读为事,原来是作"三言为文不足,或令之有乎属",或"三言为事不足,或令之有乎属"。这里的"三绝",都是从负面讲,下面的"见素抱朴,少私而寡欲",才是从正面讲。

"见素抱朴","见",简本作"视"。"素"是没有染色的丝,"朴"是没有修治的木材。

郭店楚简出,学者发现,今本的"绝仁弃义",简本是作"绝伪弃诈",大家说,儒、道原来是一家,这种说法,我不同意。古代思想,如何分类是大问题。简化和繁化,常常闹矛盾。简化,可以简到十家、六家、两三家,或者干脆无家。繁化呢,则称百家,或者一人就是一家。这两种说法,各走一个极端。白马非马,你别觉得可笑,有些美国汉学家,有些留学生,特会玩这一套。他要跟你玩国际主义,就只讲共同性,不讲特殊性,说什么东方、西方、外国人、中国人,还不都是人?一讲中国本身,就拿把快刀,横切竖割,说哪儿哪儿都不一样,根本就没中国人,朝代和朝代不一样,地区和地区不一样,或者干脆下个定义,只有说中国话(汉语)的才是中国人。

我认为,儒、道有明显区别。大家说,《老子》不贬仁义,这是睁眼说瞎话。比如"绝仁弃义",大家说,肯定是后人窜改,不一定,情况可能相反,郭店楚简的主人既然兼修儒道,窜改的可能反而是他。更何况,即使这是原貌,简本还是有不少反儒家的言论,总不能都是窜改。比如上一章,作者既然把"仁义"、"孝慈"、"忠臣"和"大伪"并列,当作乱世的产物,很明显有负面的含义。学者要把这些反对儒家的话统统解释为庄子和其他后学的改造,根本不可能。

第二十章（今本第二十章）

绝学无忧。唯与诃，其相去几何？美与恶，其相去何若？人之所畏，亦不可以不畏人。恍兮其未央哉！众人熙熙，若飨于大牢，而春登台。我泊焉未兆，若婴儿未咳。累兮如无所归。众人皆有余，我独匮。我愚人之心也，蠢蠢兮。俗人昭昭，我独若昏兮。俗人察察，我独闷闷兮。忽兮其若海，恍兮其若无所止。众人皆有以，我独顽以俚。我欲独异于人，而贵食母。

【大义】

不学习，不苦恼。听人吆喝和吆喝别人，其实差不多。美丽和丑陋，也相去不远。人家怕你，你不也得怕人家？我老是恍恍惚惚，怎么看也看不清。人家都吃喝玩乐，寻开心，就我傻乎乎，好像无欲无求，只会哭，不会笑，光知道吃奶，不懂人事的小屁孩儿。我垂头丧气，不知该上哪儿。大家都有不少财产，我却是个穷光蛋。我只有一颗愚人的心，蠢得谁都比不了。俗人都是明白人，就我是个大傻瓜。周围的一切，好像大海茫茫，浩瀚无涯,不知哪里是岸边。大家都特拿这个世界当回事,就我一点正经没有,专门拿它开玩笑。我和他们不一样,只是个吃奶的孩子。我只吃大道妈妈的奶。

这番话,是一篇《独立宣言》,独立于谁?独立于群众。我国国情,人缘不行,什么都不行。什么叫人缘?就是上有领导,下有群众。群众不能惹。"千人所指,无病而死"(《汉书·王嘉传》引里谚)。古人说,民可载舟,亦可覆舟。群众是什么?我的"文革"体会是,只要条件成熟,马上可以变成洪水猛兽。屈原不明白,自己心明眼亮,群众怎么这么糊涂。这里相反,"我"与"众人"、"俗人"处处相反,不是群众不明白,而是自个儿太糊涂,难得糊涂。孔子说,隐士清高,他欣赏,但绝不参加,理由是,他总不能与鸟兽为伍(《论语·微子》18.6),《老子》不同,他不怕脱离群众。(难得糊涂)

【讨论】

"绝学无忧"至"亦不可以不畏人",简本有这一段。

这段话有两个重点,一是难得糊涂,劝人要糊涂一点;二是远离群众,别和俗人一般见识,群众都太明白,自己还是傻一点好。

"绝学无忧",是讲难得糊涂,越学习,越苦恼;不学习,不苦恼。

"唯与诃",这两个字,含义相反。"唯",是唯唯诺诺,听人呵斥,表示答应的唯,相当喳、是、遵命、Yes、哈依,北京话叫听喝;"诃"或"呵",是呵斥的呵,如上级叫下级住嘴、滚蛋，Shut up，get out here，都是这类词儿。乙本作"唯与呵"，呵与诃同，意思一样。河本、王本、傅本作"唯之与阿"，"之"字是多余，"阿"是拍马屁，含义不同。想本又作"何"。

"几何"，是多少的意思。

"美与恶"，简本同，傅本作"美之与恶"，"之"字也是多余。河本、王本作"善之与恶"，"善"，与"美"含义相近，字形也相近，是后来改字。

"何若"，是如何，和"几何"差不多。

"人之所畏，亦不可以不畏人"，"畏"是敬畏。简本同，但第二句的"人"字，原来被错误地断在下句。"人之所畏"是民人敬畏君长，"亦不可以不畏人"是君长也不可不敬畏民人。今本删"人"字，是没有理解这两句话的本义。

上面这段，是说唯与诃、美与恶，看似相反，其实差不多；君长和民人，也是互相敬畏。

"恍兮其未央哉"，"恍"，原作"望"，观下文"恍"亦作"望"，这里应读恍。"恍"是意识模糊的状态。今本作"荒"，是假借字。"未央"是表示时间上没完没了。

"熙熙"，有两种解释，一种是热闹（即"熙熙攘攘"的"熙熙"），北京话叫乌央乌央；一种是和乐。

"若飨于大牢"，食用九鼎，牛羊豕俱全，叫大牢，这里是说，好像大吃二喝，很开心。

"而春登台"，春天的时候，登台远望，披襟当风，是很大的享受。《论语·先进》11.26有一段很长的对话，孔子让他的学生各言其志，曾皙说，"莫（暮）春者，春服既成，冠者五六人,童子六七人,浴乎沂,风乎舞雩,咏而归",就是讲这种享受。这句,河本、王本作"如登春台",想本、傅本作"若登春台"。

"泊焉未兆",是淡泊而欲望未生的样子,即懵懵懂懂,不开窍的样子。

"若婴儿未咳","咳",傅本同,河本、想本、王本作"孩"。《说文·口部》是以孩为咳的古文。小孩,先会哭,后会笑,后会说话;先会蹬,后会爬,后会走路。这里说的"婴儿",是光会哭不会笑,还在妈妈怀里吃奶的孩子,"我"傻,傻得跟这种孩子一样。

"累兮如无所归","累"是垂头丧气、疲疲沓沓的样子,"无所归"是没处去。高明指出,孔子适郑,郑人相孔子,说他"累累若丧家之狗"(《史记·孔子世家》),就是这里的"累兮如无所归"。河本"乘乘"("乖乖"之误)、想本"魁"(原从鬼从今)、王本"儽儽"、傅本"儡儡",都是"累"字的错字或通假字。看来,老子也不以无家可归为什么丑事。

"匮",原作"遗",今本也作"遗",应读匮。

"蠢蠢",乙本作"湷湷",河本、王本、傅本作"沌沌",想本作"纯纯",都是通假字。

"俗人昭昭,我独若昏兮。俗人察察,我独闷闷兮","闷闷",是愚笨不明的意思。屈原说,"举世皆浊我独清,举世皆醉我独醒"(《楚辞·渔父》),与此相反。这里是说,世人都明明白白,自己却糊糊涂涂。

"忽兮其若海","忽"是恍惚的惚,指海天茫茫,什么都看不清。古人常以晦训海（属于音训），楚帛书的"四海"，就是写成"四晦"。"忽"也有晦义，正是形容大海的昏晦无所睹。河本作"忽"，同帛书本，但傅本作"淡"，王本作"澹"，变化较大。"澹"是形容水波荡漾，如"水澹澹兮生烟"（李白《梦游天姥吟留别》）。"海"，想本作"晦"。

"恍兮其若无所止"，与上"恍兮其未央哉"是类似说法，但"未央"是时间上没完没了，这里的"无所止"是空间上无穷无尽，指大海茫茫望不到边。"恍"，原作"望"，此句的"恍"与上句的"忽"相对，是指恍惚的恍。下章"忽兮恍兮"、"恍兮忽兮"，"恍"也是这么写。河本作"漂"，傅本作"飘"，王本作"飂"（音 liú），变化较大，成了讲风。漂同飘，飘是旋风或暴风，飂是高风，帛书本只讲海，与风无关。今本通过改字，变成另一种意思，一句是说深似海，一句是说好像风，飘飘悠悠，停不下来。

"众人皆有以"，众人都特拿周围的事当事，过于认真。这里的"以"，类似《论语·先进》11.26"以吾一日长乎尔，毋吾以也"的"以"。

"我独顽以俚"，就我调皮捣蛋，很俗气。"顽"是顽皮的意思；"以"是而的意思，"俚"是鄙俗的意思。"俚"，乙本、今本作"鄙"，意思一样。

"贵食母"，是贵食于母。古书所谓食，有两种意思，食其食，食于人，叫食；以食食人，喂之养之，也叫食。后者，或作饪、饲。《老子》以母喻道，以婴儿喻德，有德之人如婴儿食母之乳。乳亦称食。这里的"食母"是吃妈妈的奶。

第二十一章（今本第二十一章）

孔德之容，唯道是从。道之物，唯恍唯忽。忽兮恍兮，中有象兮。恍兮忽兮，中有物兮。窈兮冥兮，中有情兮。其情甚真，其中有信。自今及古，其名不去，以顺众父。吾何以知众父之然也？以此。

【大义】

此章解释德。它说，最大的德就是遵循道，其他话没有，都是讲道。道生万物，恍恍惚惚，昏昏暗暗，看不分明，却有象可见，有物可察，有情可求，其实是很可靠的东西。从现在往古代追，大家都知道它的名，这个总名就是道。万物有形，我们怎么知道万物是怎么来的？是靠"众父"给它们起的名。"众父"也是道的别名。（*遵道就是德*）

【讨论】

"孔德之容"，"孔德"是大德，类似"玄德"（第10、51、65章）、"恒德"（*第28章*）、"广德"（*第40章*）、"建德"（*第40章*）。德者得也，得于什么？得于道。"容"，有两种理解，一种是形容之容，表示样子；一种是动容之容，是动的意思。动容之容，本来作搈（音róng）。这句话，想尔注的曲解很有意思，他把"孔德"解释成孔子的德。注云："道甚大，教孔丘为知，后世不信道文，但上（尚）孔书，以为无上，道故明之，告后贤。"

"道之物"，即道所生的万物。今本作"道之为物"，过去以为是道创造万物的意思，现在看来不对，"为"字是加上去的。

"中有象兮"，"象"指物的表象，义近于形。第40章说"大象无形"。

"中有物兮"，指物的实体。

"窈兮冥兮"，"窈"（音yǎo）通幽（皆从幺得声），傅本作"幽"，为深远之义，与玄类似；"冥"是昏暗。

"窈兮冥兮，中有情兮。其情甚真，其中有信"，两"情"字，原作"请"，古书往往用请为情（简帛古书例子很多），情可训真训实，是情实的意思。今本作"精"，是通假字，《淮南子·道应》"其中有精"，或即所本。

"其中有信"，指其情可信。

"自今及古，其名不去"，上句，傅本同，河本、想本、王本作"自古及今"。下句，"其名"是万物之名，有一形就有一名，属于形名之名，不是第1章所谓的"恒名"。帛书作"自今及古"，是以"古"与"去"押韵，换成"自古及今"，就成了与上文的"精"、"真"、"信"押韵。❶

"以顺众父"，"众父"，即第1章的"万物之始"；"顺"是循其名以察其始。今本作"以阅众甫"，阅是一一检查的意思，甫

❶ 郑良树《老子新校》，台北：学生书局，1997年，104页。

同父，可训始。第1章说，"无名，万物之始也"，万物之始还没有名，就像光有爸爸，只有精子，或小孩还在妈妈肚子里，是没有名的，有名，得从妈妈肚子里掉下来。所以说，"有名，万物之母也"。古人有名有字，名是小名，生下来就起，由爸爸起；字是表字，要到成年以后起，即行冠礼、笄礼之后，由爸爸的朋友起。名虽然由爸爸起，"以顺众父"，每个名的后面，都有一个爸爸，但妈妈只有一个，他（或她）的名是从妈妈把他（或她）生下来才有，以前没有。道父、道母都是道，都是万物之源，异名而同谓。第25章说，道是"天地母"，万物有名，道无名。"吾未知其名，字之曰道，吾强为之名曰大"，也是借古代的名字制度为喻，它的名是"大"，字是"道"，合在一起是"大道"。

第二十二章（今本第二十四章）

欠者不立。自视者不章（彰），自见者不明，自伐者无功，自矜者不长。其在道，曰余食赘行，物或恶之，故有裕者弗居。

【大义】

《老子》说，踮起脚尖，使劲往上探身子，就会站立不稳。人为拔高自己，自以为了不起，自高自大，自以为是，自我吹嘘，都是没有自知之明，事情办不成，也干不长久，在有道者看来，都是多余，还遭人讨厌。有道者不会这么干。(**人为拔高，不必要**)

【讨论】

"欠者不立"，"欠"，原作"炊"，疑读为欠，欠是欠伸之义。河本作"跂"，王本、傅本作"企"，"跂"、"企"都是踮起脚后跟。想本作"喘者不立"(邃州《道德经》碑同)，注云"用气喘息，不合清静，不可久也"，是以行气为说。疑"喘"由"吹"

来。今本下有"跨者不行"(步子迈得太大,就没法走路),是为了制造对称。

"自视",今本作"自是"。古文字,视和是、示经常通假。这里带"自"的四句话,全是两两相对,"自视"对"自见","自伐"对"自矜","不彰"对"不明","无功"对"不长",从文义看,当以作"视"为是。

"自见",视与见,古文字,写法非常相似,前者是目加跪人,后者是目加立人,一个是坐视,一个是立见,极易混淆,过去往往以视为见。视和见的区别主要是,视是看,见是看见。这两句,今本互倒。

"自伐",自夸。想本作"自饶"。

"自矜",自持,自大,北京话说的"拿糖"、"端谱"、"摆架子"、"劲儿劲儿的",最接近它的含义。

以上四句,类似的话还多次出现,见下第23章和第30章。

"余食赘行",或读为余食赘形,疑指多余的东西。想本作"余食餟行",另创新解,以禁祭餟祷词为说,注云:"行道者生,失道者死。天之正法,不在祭餟祷词也。道故禁祭餟祷词,与之重罚。祭餟与邪通同,故有余食器物,道人终不欲食用之也。"

"物或恶之",见第31章。"物"是外人,对"我"而言。

"故有裕者弗居","裕",原作"欲"。高明指出,古代训诂,裕有道的意思,今本作"道"是同义换读。❶

❶ 高书,338页。

第二十三章（今本第二十二章）

曲则全，枉则正；洼则盈，敝则新；少则得，多则惑。是以圣人执一，以为天下牧。不自视，故彰；不自见，故明；不自伐，故有功；弗矜，故能长。夫唯不争，故莫能与之争。古之所谓曲全者，岂语哉？诚全归之。

【大义】

这一章和上一章有关，但话是反着说。一般人都认为，弯着不如直着好，虚着不如满着好，旧的不如新的好，少了不如多了好，但《老子》不这么看。它说，曲才能保全，弯才能正直，凹才能填满，旧才能更新，少才有得，多则糊涂。它说，"圣人执一"，是靠道来治理天下。不自大，所以能成其大。不与人争，所以没人能和他争。古人所谓"曲全"，岂为虚语？表面受委屈，其实是万全之策。（**委曲求全**）

【讨论】

"曲则全"，曲是弯曲，一般与直相对，这里指委屈自己。作者认为，委屈自己，才能保全自己。

"枉则正","正",原作"定",乙本作"正",想本、傅本亦作"正",定从正声,两字相通。河本、王本作"直",枉与直相对,正与直相近,作"直"是同义换读,《淮南子·道应》"曲则全,枉则直",或即所本。

"洼则盈",洼是凹陷低下的地方,盈是满。现在的凹字也是这个意思,唐代已出现。

"敝则新",敝是损坏,与新相反。

"少则得,多则惑",林彪喜欢这两句。他认为,书读多了,就会糊涂,让战士只读《毛主席语录》和老三篇。现在的精品,不是少而精,小而精,而是多而精,大而精。

"执一",今本作"抱一",是为了与第10章统一。一指道。

"天下牧",牧是放牛放羊的人,这里指君主。今本作"天下式",是为了与第28章统一。

下面几句,请对比上一章,三处用"不",都是加在"自"字的前面;一处用"弗",没有"自"字。不和弗不一样,前面已谈过。不自量力,不能说弗自量力。

"故莫能与之争",无主语,想本作"故莫能与争"。河本、王本、傅本作"故天下莫能与之争",在"故"下加了"天下"二字。《淮南子·道应》"故天下莫能与之争",或即所本。

"古之所谓曲全者","曲全"即上"曲则全"。看来开头的几句话都是古语。

"岂语哉",意思是难道只是说说吗。今本作"岂虚言哉",加了"虚"字。

"诚全归之",确实达到了全。

第二十四章（今本第二十三章）

希言自然。飘风不终朝，暴雨不终日。孰为此？天地而弗能久，又况于人乎？故从事而道者同于道，德者同于德，失者同于失。同于德者，道亦德之；同于失者，道亦失之。

【大义】

《老子》强调少说话。它说，飘风刮不长，暴雨下不久，就连天地都没法改变，何况是人。干事情，只有符合道才属于道，符合德才属于德，符合失才属于失。有德的，道会让他得；失德的，道会让他失。（*少说为妙*）

【讨论】

"希言自然"，意思是少说话才合乎自然，而不是少说自然这件事。上第17章有"信不足，焉有不信，犹兮其贵言也"，贵言就是讲希言。孔子喜欢讷，也反对多言（《论语·里仁》4.24、《子路》13.27）。

"飘风"，有两种解释，一种是旋风，一种是疾风。旋风之大者,是龙卷风,暴风之疾者是台风和飓风。台风、飓风是一种海洋上的热带气旋,8—11级叫热带风暴,12级以上叫台风或飓风。台风,即英语typhoon,本来是广东方言的大风。东亚这边叫台风,西印度群岛和大西洋那边叫飓风。美国堪萨斯有一景,是龙卷风。《孙子·火攻》:"昼风久,夜风止。"

"暴雨",今本多作"骤雨",但想本作"趍雨"。

"天地而弗能久",今本先回答上面的问题,作"天地",然后接此句,作"天地尚不能久"。"天地"重文,是加上去的。此句是说,就连天地都不能让飘风暴雨久,不是说天地本身不能长久。

"故从事而道者同于道",是说从事于道而又合于道。想本作"故从事而道得之",有点近似。今本恐生误会,改成"故从事于道者,道者同于道"。《淮南子·道应》作"故从事于道者同于道",或即所本。

"德者同于德",德同得,这是双关语,下面的两个德字一样。傅本"德"作"得",在此句前面加了"从事于得者"。

"失者同于失",傅本在此句前面加了"从事于得者"。

"同于德者,道亦德之,同于失者,道亦失之",这四句,今本添字加句,非常乱。河本、王本作"同于道者,道亦乐得之;同于德者,德亦乐得之;同于失者,失亦乐失之;信不足焉,有不信焉"。想本无"同于道者,道亦乐得之",作"同于德者德得之,同于失者道失之,信不足,有不信"。傅本缺少三个"同"字,作"于道者,道亦得之;于得者,得亦得之;于失者,失亦得之。信不足,焉有不信"。它们都有"信不足,焉有不信焉"。

"信不足,焉有不信",见第17章。

第二十五章（今本第二十五章）

有物混成，先天地生。寂兮寥兮，独立而不改，可以为天地母。吾未知其名，字之曰道，吾强为之名曰大。大曰逝，逝曰远，远曰返。道大，天大，地大，王亦大。国中有四大，而王居一焉。人法地，地法天，天法道，道法自然。

【大义】

这章很重要，也是讲道。道是混沌，先天地而生，虚空宁静，超然独立，永恒不变，是天地的妈。道，是天地之源，但本身没爹没妈。没爹没妈，当然也就没有名字。如果非像人那样起名字，只能勉强称之为"大"或"道"。人刚生下来，只有名，没有字，大了，才有字。"道"就是她的名，"大"就是她的字。道之动，有往必有返，物极必反。所以，不管事情发展到什么地步，我们都别忘了，道才是根本。四大：道大、天大、地大、王大，谁都以为王最大，但王大不如道大，所以把它叫做大。而王再大，也是人，人是效法地，地是效法天，天是效法道，道是效法自然。（**道法自然**）

【讨论】

此章有简本。

"有物混成",简本作"有状混成"。

"寂兮寥兮",简本作"敓穆",应是通假字。我怀疑,敓是祝之误字。穆,古书往往作缪。[1] 今本下文多出"周行而不殆"。

[1] 李零《郭店楚简校读记》(增订本),6页。

"天地母",今本作"天下母",不对。这是为了与第 52 章统一。

"大曰逝","逝"是往,与"返"相反。这个字,原作"筮"。简本作"灢",写法比较怪,此字见于郭店楚简和上博楚简,有两种读法,一种是噬,一种是逝。

"逝曰远,远曰返","远"犹极,物极必反,往的太远,就会返回来。

"道大,天大,地大,王亦大",今本同,这个顺序比较好。简本作"天大、地大、道大、王亦大",把道字移后,放在天、地和王之间,顺序比较乱。道是本源,最大,应该排在前面;天、地、王,相当天、地、人,应该排在后面。四大中的"王",下文作"人",以王为人之大者。想本改"王"为"生",以成曲说,注云:"生,道之别体也。"

"国中有四大",简本同,今本作"域中有四大"。先秦邦字,汉代改国,但"中国"是固有词汇,不作"中邦",中国的意思本来就是域之中。

"人法地,地法天,天法道,道法自然",注意,"道"的后面还有"自然"。自然是道的本来面目,并不是另一个东西。

第二十六章（今本第二十六章）

重为轻根，静为躁君。是以君子终日行，不离其辎重。虽有环观，燕处则超若。若何万乘之王，而以身轻于天下？轻则失本，躁则失君。

【大义】
道贵重、静。"重"是老成持重的重，"静"是闹中取静的静。（老成持重，闹中取静）

【讨论】
"重为轻根，静为躁君"，重与轻相反，静与躁相反，多言多动，是为躁。根是作为根本的一方，君是作为支配的一方。

"辎重"，运送物资装备的车叫辎车、重车。军队开拔，战车在前，辎重在后。战车是马车，比较轻疾；辎车、重车是牛车，比较笨重。《孙子·军争》："是故军无辎重则亡……"

"环观"，即围观。今本作"荣观"。"荣观"即营观，营者萦绕，与环同义。

"燕处则超若","燕处"即安处,"超若"即超然。傅本"燕"作"宴"。燕国的燕,古文字作匽,它所从的晏,表面从女,其实从安。安字下面的女字,右下往往加一撇,就是为了区别于一般的女字,所以也可以写成晏子的晏。战国楚简,往往把这种省去宀旁带饰笔的女字当焉字用,而把保留宀旁的这个字当安字用。晏或匽,有两种解释,一种训清,是海清河晏的晏,天清气朗的晏;一种训晚训暮,是天黑将息的晏。

"若何万乘之王","若何",河本、王本作"奈何",傅本作"如之何",意思相似;"万乘之王"的"王",今本作"主"。春秋战国,人们是以兵车数量表示国力。春秋时期,千乘之主已经是大国之君,但春秋晚期,各国的兵车已超出此限。如晋、楚二国,兵车可以达到4000辆以上,战国时期,更有"万乘之主"和"万乘之王"的说法。东周列国,楚国称王最早,从春秋到战国,一直称王。《老子》是楚书,称"万乘之王"很合适。

"而以身轻于天下",《老子》贵身,以身为重,重于天下。若轻其身于天下,自然是失去根本。

"轻则失本,躁则失君","本",《韩非子·喻老》作"臣"。

第二十七章（今本第二十七章）

善行者，无辙迹；善言者，无瑕谪；善数者，不以筹策；善闭者，无关籥（钥）而不可启也；善结者，无缪约而不可解也。是以圣人恒善救人，而无弃人，物无弃材，是谓袭明。故善人，善人之师；不善人，善人之资也。不贵其师，不爱其资，虽知（智）乎大迷，是谓妙要。

【大义】

合乎道的境界很奇妙，就像善于旅行，不留车辙；善于说话，无可指摘；善于统计，不用算筹；善于锁门，不用钥匙；善于结绳，没扣也打不开。圣人善于搜罗人材，能够做到人尽其才，物尽其用。这叫一贯的高明。"善人"（有本事的人）是"善人"的老师，可以向他学习；"不善人"（主要指没本事的人），是"善人"可以利用的资源。不尊重老师，不爱惜资源，再聪明，也是大糊涂蛋。这话最奥妙，这话最重要。（人无弃人，物无弃材）

【讨论】

"辙迹",车辙马迹。

"瑕谪",瑕,指言辞中的毛病;谪,音zhé,作为名词,是过错的意思。

"数",河本作"计",义相近。

"筹策",是古代的计数工具,用竹木小棍制成。

"关籥",即关钥或管钥,关或管是锁子,钥是钥匙。河本、王本作"关楗",想本作"关揵",傅本作"关键"。《淮南子·说山》"善闭者不用关楗",或即所本。楗或键也是钥匙。

"启",今本作"开",是避汉景帝讳。

"纆约",绳索。纆音mò,原从糸从黑。今本作"绳约"。

"是以圣人恒善救人,而无弃人,物无弃材","救",似应读为鸠或纠,鸠是聚敛的意思,这里指搜罗人材。原文简约,今本添油加醋,河本、王本作"是以圣人常善救人,故无弃人;常善救物,故无弃物",想本作"是以圣人常善救人,而无弃人;常善救物,而无弃物",傅本作"是以圣人常善救人,故人无弃人;常善救物,故物无弃物"。《淮南子·道应》作"人无弃人,物无弃物",或即所本。《文子·自然》作"故人无弃人,物无弃材",则同于帛书本。上博楚简《容成氏》讲上古盛世,瞎子搞音乐,瘸子看大门,给所有残疾人安排工作,就是体现这一想法。

"袭明",是一贯的高明。袭和习,古书常换用,有习惯、沿用的意思。参看第52章"袭常"。

"故善人，善人之师"，善人可以当善人的老师。古书中的"善人"有两个意思，一个意思是好人，道德上的好人；一个意思是聪明人，有特长有本事的人。这里是哪一种，要看上下文。上文的"善行者"、"善言者"、"善数者"、"善闭者"、"善结者"，都是有特长有本事的人，这里的"善人"主要是指这种人。"善人"，又见第8、62、81章。

"不善人，善人之资也"，善人不弃不善人，虽其不善，犹有可用之处。"不善人"，又见第62章。今语"师资"一词是出典于此章，含义有变化。

"虽知乎大迷"，虽然聪明，却等于糊涂。

"妙要"，是说上面三句话非常巧妙也非常关键。今本作"要妙"，意思一样。

第二十八章（今本第二十八章）

知其雄，守其雌，为天下溪。为天下溪，恒德不离。恒德不离，复归于婴儿。知其（日）〔白〕，守其辱，为天下谷。为天下谷，恒德乃足，复归于朴。知其〔白〕，守其黑，为天下式。为天下式，恒德不忒。恒德不忒，复归于无极。朴散则为器，圣人用则为官长。夫大制无割。

【大义】

这是讲立德。《老子》拿婴儿打比方，这是第二回。它说，"恒德"，即最大的德，就是回到婴儿态。婴儿态，就是无知无识，无所作为。作者说话，故意反"常识"：雌和雄，它挑雌；山陵溪谷，他挑溪谷；清白和有污点，他挑有污点。作者认为，"恒德"就是返朴归真，守着大道，千万不要发展，只要一发展，道就破散。破散了，怎么办？还要回到道，也就是永恒无极，没有终点和结束的东西。圣人设官分职，有如把木材打成家具，家具做好了，材料也就不存在。但圣人还要把这种分工纳之于道，你分我不分，大权还要牢牢攥在自己手里。就像高明的裁

缝，自己不动手裁剪，靠伙计干。（回到婴儿态）

【讨论】

"知其雄，守其雌"，是明知什么强，宁守其弱。《说苑·敬慎》引《金人铭》有"执雌持之"语（又见《孔子家语·观周》），与此相近。❶

"天下溪"，是雌，它是模仿玄牝，比喻至德。

"恒德"，是至德。"玄德"（第10、51、65章）、"孔德"（第21章）、"广德"（第40章）、"建德"（第40章）是类似叫法。

"婴儿"，也是柔弱者，比喻至德。

"知其（日）〔白〕，守其辱"，第三字，甲本作"日"，乙本作"白"，"日"是"白"之误；"辱"同䘏，音 rǔ，是黑垢的意思，不是荣辱之辱。第40章："大白如辱"，白、辱相对，也是这样读，都是白、黑相对。今本作"荣"，是以荣、辱相对。《淮南子·道应》"知其荣，守其辱，为天下谷"，或即所本。

"天下谷"，犹"天下溪"。

"朴"，也是比喻道。未经剖分加工的木材叫朴，未经剖分加工的玉材叫璞。

"知其〔白〕，守其黑"，和上文的"知其（日）〔白〕，守其辱"互文有别，意思是一样的。甲本脱"白"字，乙本有，此句和上"知其（日）〔白〕，守其辱"有点重复，故今本把上"知其（日）〔白〕，守其辱"改为"知其荣，守其辱"。今本的顺序也不同，它是把"知其（日）〔白〕，守其辱"节放在"知其〔白〕，守其黑"后。

❶ 郑良树《〈金人铭〉与〈老子〉》，收入他的《诸子著作年代考》，12—20页。

"天下式",天下的标准和模范。古代相马的模型叫马式,占卜天时的工具叫式盘,都是取于这类含义。参看第65章:"恒知此两者,亦稽式也。恒知稽式,此谓玄德。"

"恒德不忒","忒",原作"贷",河本、王本、傅本作"式",这里读为"忒"。想本同帛书本,亦作"贷",不破读,以成其曲说,注云:"知守黑者,道德常在,不从人贷,必当偿之,不如自有也。行《玄女经》、龚子、容成之法,悉欲贷,何人主当贷若者乎?故令不得也。唯有自守,绝心闭念者,大无极也。"

"朴散则为器",朴是原材料,一旦被加工,就变成了器。

"圣人用则为官长",圣人治理天下,不是事必躬亲,靠自己干,而是设官分职,靠百官替他干。百官各司其职,犹朴散而为器,道是散了,但圣人把它收拢,还掌握在自己手中。

"大制无割",这里的"制"不是制造或治理的意思,而是读为製,製是裁衣,此句是说,真正高明的裁缝,绝不自己动手裁剪,而是靠伙计替他干。

第二十九章（今本第二十九章）

将欲取天下而为之，吾见其弗得已。夫天下神器也，非可为者也。为者败之，执者失之。物或行或随，或嘘或吹，或培或堕。是以圣人去甚，去泰，去奢。

【大义】

这是讲为政。《老子》反对"取天下"、"为天下"。当时一定有不少政治野心家，心里惦着这件事。作者认为，天下是"神器"，非常神圣，不是谁想据为己有就据为己有，谁想怎么玩就怎么玩。玩天下者，必将失败，想守也守不住。凡事，有在前面走的，就有在后面跟的；有呼热气的，就有吹冷风的；有往起堆土搭台的，就有破坏拆台的。所以，圣人要强调"去甚，去泰，去奢"，反对一切过分的东西。（天下是神器，不是玩具）

【讨论】

"将欲取天下而为之"，"取天下"是全取天下而占有之，"为之"是人为干涉之。

"吾见其弗得已"，今本作"吾见其不得已"，今本"不得已"是表示无奈，这里的"弗得已"，可能是"弗得矣"的意思。

"非可为者也"，今本作"不可为也"。

"为者败之，执者失之"，参看第64章："为之者败之，执之者失之。"上文"取天下"就是"执之"，"而为之"就是"为之"。

"或行或随"，行是先行，随是随后。

"或嘘或吹"，嘘是缓出气以温物，吹是急出气以寒物。帛书甲本作"或炅或□"，乙本作"或热或硅"。甲本第二字是古热字，疑读嘘（热是日母月部字，嘘是晓母鱼部字，古音相近）；第四字是吹字的通假字（硅是精母歌部字，吹是昌母歌部字，古音相近）。今本、河本作"或呴或吹"，想本作"或嘘或吹"，王本作"或歔或吹"，傅本作"或噤或吹"，可供参考。这句话的后面，今本增加"或强或羸"，是为了对称整齐。

"或培或堕"，或培土增高加固之，或堕坏摧毁之。河本作"或载或隳"，想本作"或接或堕"，王本作"或挫或隳"，傅本作"或培或堕"，"载"读栽，与培同义；"接"、"挫"是培之误，"堕"与隳常通用。

"去甚，去泰，去奢"，都是指去掉过分的东西。

第三十章（今本第三十章）

以道佐人主，不以兵强于天下，其事好还。师之所居，楚棘生之。善者果而已矣，毋以取强焉。果而毋骄，果而勿矜，果而勿伐，果而毋得已居，是谓果而不强。物壮而老，是谓之不道，不道早已。

【大义】

这是讲用兵。《老子》反对穷兵黩武，争强好胜。它说，以道辅佐人主者，一定不要以武力称霸于天下。那样做，一定会走向反面。战争是很残酷的事，军队到哪儿，哪儿遭殃，荆棘丛生，一片荒凉。作者说，善于作战的人，只是为了取胜，不是为了逞强。即使取胜，也不狂妄自大，而是以不得已自居，懂得见好就收。如果不懂得见好就收，即使取胜一时，也算不上真正的强。什么东西，过分发展，都会走向衰落，这只能叫"不道"，即不符合道。不符合道，很快就会完蛋。

先秦诸子，《管子》、《墨子》和《荀子》，其中的论兵之作，古代曾单行，《七略·兵书略》列为兵书。但《老子》中的兵家言,没有被当作兵书。"文革"期间,毛泽东说,《老子》是一部兵书,根据是唐王真《道德经论兵要义述》。《隋志》已有《老子兵书》一卷。这是隋唐时期的看法。(**不道早已**)

【讨论】

此章有简本,简本无"师之所居,楚棘生之"、"果而毋得已居"和"物壮而老,是谓之不道,不道早已","其事好还"在"是谓果而不强"后。

"以道佐人主",简本、今本,句末都有"者"字。

"不以兵强于天下",简本作"不欲以兵强于天下"。

"其事好还",这类事会走向反面。

"师之所居",军队驻屯的地方。

"楚棘生之",今本作"荆棘生焉"。"楚棘"即荆棘。古书常把楚国叫做荆或荆楚。此句下,河本、王本、傅本多出"大军之后,必有凶年",但想本无此句。

"善者果而已矣",简本、河本、想本、王本无"矣"字,傅本有。古代兵书常把善用兵者称为"善者";"果",即杀敌致果的果,《尔雅·释诂》:"果,胜也。"

"毋以取强焉",简本作"不以取强",可见"毋以"是"不以"的意思。"毋以"也见上第10章和下第39章,后者,原来写成"毋已"。想本作"不以取彊",同简本。河本、王本、傅本在"不"下加"敢"字。

"果而毋骄",此句用"毋"。

"果而勿矜,果而勿伐",这两句用"勿"。

"果而毋得已居",今本作"果而不得已",没有"居"字。如果"毋得已"等于"不得已",我怀疑,此句是说,战胜要以不得已自居。

以上四句,两用"毋",两用"勿"。

"是谓果而不强",简本同,乙本脱"不"字,今本作"果而勿强"。

"是谓之不道,不道早已",各本微异。上句,乙本作"谓之不道",河本、王本作"是谓不道",想本作"谓之非道",傅本作"是谓非道";下句,河本、王本作"不道早已",想本、傅本作"非道早已"。

第三十一章（今本第三十一章）

夫兵者，不祥之器也。物或恶之，故有裕者弗居。君子居则贵左，用兵则贵右。故兵者，非君子之器也；兵者，不祥之器也。不得已而用之，恬淡为上。勿美也，若美之，是乐杀人也。夫乐杀人，不可以得志于天下矣。是以吉事尚左，丧事尚右。是以偏将军居左，上将军居右。言以丧礼居之也。杀人众，以悲哀泣之；战胜，以哀礼处之。

【大义】

此章也是讲用兵。《老子》论兵，这章最有代表性。

它说，兵器是不祥之器，不得已才用之，有道者都躲着它。用兵是令人讨厌的事，绝不值得赞美。赞美用兵，就是以杀人为乐，以杀人为乐，是不可能得志于天下的。古人说，"吉事尚左，凶事尚右"，用兵是属于凶事，即使取胜，也要以丧礼对待，为死者举哀。（兵者不祥）

【讨论】

此章有简本，简本无开头的"夫兵者，不祥之器也。物或恶之，故有裕者弗居"。

"夫兵者"，"兵"，本指兵器，不指军队，这里也是指兵器，故下文说"不祥之器"。今本添字为说，河本、想本、王本作"夫佳兵者"，傅本作"夫美兵者"，"佳"、"美"都是形容好。《史记·扁鹊仓公列传》引《老子》"美好者，不祥之器"，或即所本。今本添了这个字，意思有变化，成了好兵器是不祥之器。现在，最好的兵器是什么？是所谓"大规模杀伤性武器"，即美国在伊拉克找了半天没找着的武器。好兵器是不祥之器，这叫什么话？兵器都是杀人的。孟子说，"杀人以梃与刃，有以异乎"（《孟子·梁惠王上》），即用棍子杀人和用刀杀人有什么区别？没有。过去，很多人都以为今本"佳"是隹之误，读为唯，还有人以为"不祥"下面的"之器"是多余，帛书本出来，证明都是错的。

"物或恶之，故有裕者弗居"，已见上面第22章。"物"，指外人，与我相对；"裕"，原作"欲"，今本作"道"。"裕"就是道，上面已经说过。"居"，这里是指居不祥，不是指居不祥之器。

"君子居则贵左，用兵则贵右"，下文"吉事尚左，丧事尚右"、"偏将军居左，上将军居右"，是类似说法。古人有左文右武之说（如《逸周书·武顺》、《管子·版法解》和《幼官》、《幼官图》）。这是阴阳说的体现。

古人讲阴阳,前后左右是以面南背北而定,如北京城,前门在南,后门桥在北,左安门在东,右安门在西,就是这么定。

方向定了,就有阴阳,如北京城内的主要坛庙,就是以东北为阳,西北为阴。天坛、先农坛在南,是阳;地坛、先蚕坛在北(原在地坛旁,后来挪到北海后门的东边),是阴。日坛在东,是阳;月坛在西,是阴。太庙在左,是阳;社稷坛在右,是阴。

左文右武,文是阳,武是阴,这也是传统。如北京城,南边,前三门,正阳门居中,崇文门在左,宣武门在右;中间,紫禁城,三大殿居中,文华殿在左,武英殿在右;北边,鼓楼居中,孔庙、国子监在左。还有,皇史宬在太庙东,贡院在东单的东边,这也是左;杀人在菜市口(明代在西四牌楼),这也是右。凡是和文化沾边儿的都放在左边,凡是和杀人有关的都放在右边,很有规律。

"不得已",《老子》有"弗得已"(第29章)、"毋得已"(第30章)。

"恬淡为上",简本作"铦䤄",帛书,甲本作"铦袭",乙本作"铦㤐"。铦是恬的通假字,䤄和㤐可能是䘒之误。❶

❶ 李零《上博楚简校读记》,27页。

"勿美也",战争很惨,没有美感。打仗打上瘾,喜欢从打仗中取乐的军人,简直是杀人狂。简本作"弗美也",想本、傅本作"故不美"或"故不美也",河本、王本作"胜而不美"。

"夫乐杀人,不可以得志于天下矣",先秦诸子都是社会批判家。卫灵公问陈,孔子故意回避,说"军旅之事,未之学也"(《论语·卫灵公》)。《墨子》非攻,《老子》止杀,更是著名者。《孟子·梁惠王上》说,"不嗜杀人者能之一",和《老子》的说法很相似。但历史上，统一多靠暴力。如成吉思汗，经常野蛮屠城，蒙古帝国，疆域最辽阔。元代有丘处机一言止杀的故事，很流行。❶其实，丘处机见成吉思汗，不管说了什么，蒙古征服者的杀戮并未减少。有人怀疑，这只是当时的传说，并非真事。❷

"吉事尚左，丧事尚右"，"尚"，简本和帛书本都作"上"，字与"尚"通，按今本的习惯阅读，应该读"尚"；"丧"，简本同，今本作"凶"，是为了对称，但下文有"丧礼"，"丧事"是对应于"丧礼"。《逸周书·武顺》："吉礼左还（旋），顺天以立本；武礼右还（旋），顺地以立兵。"《管子·版法解》："文事在左，武事在右。"是类似说法。古代营阵，一般都是以右为上，右阵为牡，左阵为牝，但楚、越等南方国家相反，以左阵为牝，右阵为牡，左以应右，右以应左。

"偏将军居左，上将军居右"，偏将军位卑，上将军位尊，尊者居右，卑者居左，是以右为上。古代战车，车上一般是三人，御者居中，射手在左，执戈矛的在右，如果将帅在车上，将帅居中，执桴鼓，御者在左，执戈矛的在右。右者是甲首，相当队长，要比左边的人尊贵。西方礼仪，男女并坐，男左女右。我国也讲男左女右，理由是左阳右阴。右者为上是属于凶礼。

"丧礼"，是居丧的礼，办丧事的礼，发送死人的礼。

"杀人众"，河本、想本、傅本作"杀人众多"，王本作"杀人之众"，皆添字。

"泣之"，帛书本原作"立之"，整理者读"莅之"，今本作"泣之"，这里读泣之，不读莅之。简本作"𢾭之"，和它们都不一样。𢾭，见于楚占卜简，是指解除，即一种为死者除凶攘祟的

❶《元史·丘处机传》："太祖时方西征，日事攻战，处机每言欲一天下者，必在乎不嗜杀人。及问为治之方，则对以敬天爱民为本。问长生久视之道，则告以清心寡欲为要。太祖深契其言，曰：'天锡仙翁，以寤朕志。'命左右书之，且以训诸子焉。于是锡之虎符，副以玺书，不斥其名，惟曰'神仙'。"

❷ 杨讷《丘处机"一言止杀"辨伪》，收入张政烺先生九十华诞纪念文集编委会编《揖芬集》，北京：社会科学文献出版社，2002年，523—532页。

仪式。丰臣秀吉征朝鲜，杀人众，师还，堆耳成冢，冢前有碑记其事，就提到他怎样为死者吃斋念佛，超度亡灵。

"以哀礼处之"，是服丧的礼，孝子为父母守孝的礼。"处"，和今本一样，但简本作"居"。

参看第 71 章，俗话说"哀兵必胜"的"哀兵"，本来就是指具有上述态度的兵家。

我在《兵以诈立》中讲耳冢，讲魏列夏庚的画，可参看。❶

【补记】

"兵"，北大本作"雔美"，疑读"嬅美"。嬅是匣母锡部字，雔是匣母支部字，古音相近，可通假。这一读法与上引《史记·扁鹊仓公列传》引《老子》"美好者，不祥之器"最接近。❷

"恬淡"，北大本作"恬偻"，疑读"銛镂"，指兵器锋利。❸

❶ 李零《兵以诈立》，北京：中华书局，2006年，106—107 页。

❷ 北京大学出土文献研究所编《北京大学藏西汉竹书》贰，上海：上海古籍出版社，2013 年，159 页。

❸《北京大学藏西汉竹书》贰，159 页。

第三十二章（今本第三十二章）

道恒无名，朴虽小，而天下弗敢臣。侯王若能守之，万物将自宾。天地相合，以输甘露。民莫之令而自均焉。始制有名。名亦既有，夫亦将知止。知止所以不殆。譬道之在天下也，犹小谷之与江海也。

【大义】

道本无名，有如未经加工的木材。这种东西，看上去很小，却是天下万物的本源。侯王若能守道，为天下万物命名，万物将为它所用，有如天地交媾，云行雨施，普降甘露。但名发明之后，还要使用得当，适可而止，懂得适可而止，才能长盛不衰。道和天下万物，就像小谷和江海，小谷里的水只是细流，却能汇成江海之大。（道是万物之源）

【讨论】

此章有简本，大体相同。

"道恒无名"，道本来没有名，称之为道，是勉强加上去的。

这话也见于第 37 章。参看第 25 章："有物混成，先天地生。寂兮寥兮，独立而不改，可以为天地母。吾未知其名，字之曰道，吾强为之名曰大。"

"朴虽小"，朴是道，指原始状态下的东西，未经分化的东西。不管多小，它都是万物的本源，天下万物都要奉之为君。

"宾"，臣服。

"天地相合，以输甘露"，古人认为，天气下降，地气上升，二气相合，才有雨露降下来。这里指天地生万物。郭店楚简《太一生水》讲宇宙创生，其过程是，太一生水，水和太一生天，天和太一生地，天地生阴阳，阴阳生四时。这里不太一样，它是先有天地，再有雨水，再有万物。"输"，原作"俞"，整理者读输或揄，简本作"逾"，今本作"降"，互相比较，读输是对的。输可训堕，与降同义。

"民莫之令而自均焉"，雨是普降而均。云行雨施，普降甘露，在古代有性含义，特别是一夫多妻制下的性含义。这里是用来比喻万物的生化。"帝德乾坤大，皇恩雨露深"，是清朝的话。这种阳光雨露的比喻，很有中国特色。

"始制有名"，制有裁分之义，《说文·刀部》训裁，这里指万物化生后，各有其名。

"名亦既有，夫亦将知止"，万物有名，既知其作，当知其止，见好就收。

"知止所以不殆"，知止，才会其用无穷。

"譬道之在天下也，犹小谷之与江海也"，这两句，是以小谷比朴，以江海比天下，谷虽小，而水从中出，流为江海，就像朴散而为天下万物。有人读反了,如任继愈,他的翻译是"'道'在天下的地位,正像小河流归附江海那样"。[1]其实,这里的小谷是源头,不是水之所归,而是水之所出。比如黄河、长江,源头都在青海,你从源头看,难以想象,涓涓细流,怎么会有江海之大。"小谷",想本作"川谷",是形近而误。"与",各本都作"与",王本误为"於"。

[1] 任继愈《老子绎读》,73页。

第三十三章（今本第三十三章）

知人者知（智）也，自知者明也；胜人者有力也，自胜者强也；知足者富也，强行者有志也；不失其所者久也，死而不忘者寿也。

【大义】
人有两种聪明，两种强大，两种富足，两种长寿。知人不如自知，自知才是聪明。胜人不如自胜（自己战胜自己），自胜才是强大。强行不如知足，知足才是富足。苟且偷生不如死后留名，死后留名才是长寿。（*死而不忘者寿*）

【讨论】
这八句话是两两相对，我用分号为隔。

"知人者智也，自知者明也"，不光打仗，要知己知彼；待人处世，也要知己知彼。敌人难知，朋友也难知，自己的老婆、孩子，你都不一定了解。这是知人。而最难了解，也许正是你自己。自己知道自己，俗话叫"自知之明"。"自知者明也"，《韩非子·解老》作"自见之谓明"。人除了照镜子,自己看不见自己。

"胜人者有力也,自胜者强也",打体育比赛的都有这种体会,你要战胜对手,首先要战胜自己。自己战胜自己,属于"自强不息",这样的人,才是强人。

"知足者富也,强行者有志也",知足长乐,是真正的富足。强行者是不知足,志在必得,这叫有志,但对生活的满意程度并不一定很高。

"不失其所者久也,死而不忘者寿也","不失其所",是维持原状,虚耗时间,这样的人,只能叫长久,不能叫长寿。比如石头,用地质年代计算,是以万年为单位;动植物,千年王八万年龟,各种古树,人都比不了。"死而不忘",今本作"死而不亡","亡"和"忘"可以通假,但意思不一样。《列子·仲尼》引《老子》曰"死而不亡者寿",或即所本。"死而不亡"分两种,一种是活死人,脑死亡,医学上叫植物人(vegetative being);还有一种是活见鬼,死后活在另一个世界,或死而复活,从坟墓里爬出来,又到人间活动,比如放马滩秦简就有这种故事。"死而不忘",是活在后人的心里,由于纪念,永垂不朽。《左传》襄公二十四年讲,晋国的范宣子和鲁国的叔孙豹,两人曾讨论什么叫"死而不朽"。范宣子说世禄就是"死而不朽",叔孙豹说不对,"大上有立德,其次有立功,其次有立言",这三条,"虽久不废",才叫"死而不朽"。一个人,做好人,大家忘不了,这叫立德;做好事,大家忘不了,这叫立功;知识分子,死后有著作传世,如司马迁忍辱负重作《史记》,这叫立言。三不朽,才是《老子》说的"寿"。

第三十四章（今本第三十四章）

道汜兮，其可左右也。成功遂事而弗名有也。万物归焉而弗为主，则恒无欲也，可名于小。万物归焉而弗为主，可名于大。是以圣人之能成大也，以其不为大也，故能成大。

【大义】

道散则无所不在，事情都是靠它才成功，但它却不居其名。万物归宗于它，它却无欲无求，不以主宰自居，这既是大也是小。道生万物，如汇小谷之水而成江海，从源头讲，似乎是小，但从结果看，它又是大。圣人都是不自大，所以才能成其大。
（不居其大，才能成其大）

【讨论】

"道汜兮，其可左右也"，是说道无所不在。今本在"道"上加了"大"字。"汜"，甲本缺，乙本作"渢"，渢从风，风字是从凡得声，两字可以通假，今本作"汜"。"渢"字见于《左传》襄公二十九年。《说文》只有汜、汜，没有渢。此下，河本、王本多出"万物恃之而生而不辞",想本、傅本略同(第一个"而"作"以")。

"成功遂事而弗名有也",把事情办成就得了,不必居其名。类似说法,也见于上面的第 2 章、17 章和下面的第 79 章。今本把这句话缩写成五字句,河本、王本作"功成不名有",想本作"成功不名有",傅本作"功成而不居"。

"万物归焉而弗为主,则恒无欲也,可名于小。万物归焉而弗为主,可名于大",头一句出现两次,为什么同是这句话,名却不一样,既可是"大"又可是"小"?今本的编者很困惑,有所改动,河本作"爱养万物而不为主,常无欲,可名于小;万物归焉而不为主,可名为大",想本、王本、傅本略同,但"爱养"作"衣养"或"衣被"。我理解,作者两用"万物归焉而弗为主",第一次是强调"弗为主"、"恒无欲",所以是"小";第二次是强调"万物归焉",所以是"大"。两层意思,一点不矛盾。"恒无欲",见第 1 章。

"是以圣人之能成大也,以其不为大也,故能成大",今本以傅本最接近简本,作"是以圣人之能成其大也,以其终不自大,故能成其大",河本、想本把前两句缩写成"是以圣人终不为大",王本遗第一句,都有错误。"不为大"是小,"成大"是大。

第三十五章（今本第三十五章）

执大象，天下往。往而不害，安平太（泰）。乐与饵，过客止。故道之出言也，曰淡兮其无味也。视之不足见也，听之不足闻也，用之不可既也。

【大义】

道是一种大象，对人无害。它是以自己的安全、平静、祥和吸引人，不像歌馆妓院、酒楼饭店一类吃喝玩乐的场所，是以美食和歌舞吸引路边的过客。只要手中有道，天下人，都会投奔你。道，从嘴里说出来，好像淡而无味。但它是"大象无形"、"大音希声"、"大器晚成"，看也看不够，听也听不够，用也用不完。（道用无穷）

【讨论】

此章有简本，大体相同。

"大象"，是道的形象。世人向道，是冲大象而去，但第40章说，"大象无形"，表面上看，好像没什么吸引人的地方。

"往而不害，安平太（泰）"，是讲道对人的吸引力。它的吸引力很平常，只是无害，让人觉得有安全感，心里踏实。"太"应读为泰，和"安"、"平"二字含义相近。这里以"太"为句尾，是为了押韵。

"乐与饵"，"乐"是音乐，古代的乐，不止是声乐，还包括器乐和舞蹈，有声有色；"饵"是吃喝。前者是满足声色之欲，后者是满足口腹之欲。这些都是吸引一般人，即所谓"过客"的东西。

"故道之出言也，曰淡兮其无味也"，河本、王本，"言"误"口"。道不像乐与饵，是一种淡而无味的东西。"道之出言"，是用语言表达道，这种语言，也就是第40章说的"大音希声"。

"视之不足见也，听之不足闻也，用之不可既也"，参看第40章："大方无隅，大器晚成，大音希声，大象无形。"道，是一种抽象，无所不在，"大象无形"，看不足以穷之，"大音希声"，听不足以穷之，"大器晚成"，但用途却无穷无尽。最后一句，王本求整齐，把"不可"改为"不足"。

【补记】

"执"，郭店本、北大本作"埶"。❶ "埶"可读设。帛书本、今本作"执"。

❶《北京大学藏西汉竹书》贰，161页。

第三十六章（今本第三十六章）

将欲翕之，必固张之；将欲弱之，必固强之；将欲去之，必固与之；将欲夺之，必固予之。是谓微明，柔弱胜强。鱼不可脱于渊，邦有利器，不可以示人。

【大义】

这是讲以道治国。《老子》讲治国之术，非常阴柔。它有一套奇怪的辩证法，越想干什么，就越不干什么，处处跟"常识"拧着来，装柔示弱，掩盖目标，迷惑敌人，有如老练的兵法。作者说，这是一种"微明"，即看不见的光明。它是国家的利器。这类手段，都不可告人，就像鱼儿，一定要藏在深渊之中。（国之利器，不可以示人）

【讨论】

"翕"，音 xī，收敛。

"将欲去之，必固与之"，今本作"将欲废之，必固兴之"，盖先误"与"为"兴"，又改"去"为"废"，以求对称。这几句话，古书引用很多，如《韩非子·喻老》作"将欲取之，必固与之"，我们从《韩非子·说林》、《战国策·魏策一》等书的引用看，《老子》可能是转引《周书》佚文，两者有差别，也有所混淆。❶

"必固予之"，今本"予"作"与"，上文"与"误为"兴"，这里反而作"与"，当从帛书本。

"微明"，第14章说"视之而弗见，名之曰微"，"明"正好相反，微是看不见，明是看得见，这两字搁一块儿，等于说"看不见的清晰"。

"柔弱胜强"，是四字句对四字句，今本作"柔弱胜刚强"，柔对刚，弱对强，加个刚字好像有道理，但古人写文章，不一定这么讲究。

"鱼不可脱于渊，邦有利器，不可以示人"，政治家离不开法、术、势，就像鱼儿离不开水。法是阳谋，术、势是阴谋。法所以御下，是给人看的，除外，术、势是藏起来的。后面这两样，是看不见的手。

这段话，怎么断句，要参考押韵。前八句，都是之字结尾，为第一层（之部韵）；后面两句，明、强押阳部韵，为第二层；最后三句，渊、人为真部，器为质部，质、真对转。每一句都押韵。

---

❶《老子徵文》，93页；高书，417—419页。

第三十七章（今本第三十七章）

道恒无名，侯王若能守之，万物将自化。化而欲作，吾将镇之以无名之朴。镇之以无名之朴，夫将不欲。不欲以静，天下将自正。

【大义】

这是讲统治术。《老子》的统治术是根据道。道是什么？是顺其自然。作者说，道是一种"无名之朴"，就像木材未经加工，还不知道是什么家具叫什么名。侯王如果能遵守它的原则，万物就会自然生长。万物自然生长，会刺激人的贪欲，人太贪心，就要用这个"无名之朴"去节制它、控制它，不让它发展起来。欲望没了，人就会消停，人消停了，天下的事情就会恢复正常。(发展不如不发展)

【讨论】

前面说过，《老子》上下篇有两种顺序。一种是道前德后，一种是德前道后。此篇是《道经》的最后一篇。今本《道德经》

是道前德后，此章为上篇的最后一章。马王堆本是德前道后，此章是下篇最后一章。马王堆本，《道经》部分，乙本有字数统计，是2426字，甲本缺字数统计，估计与此接近。

"道恒无名，侯王若能守之，万物将自化"，这是讲守道无为，令万物自化，而坐观其成的不干预政策。"道恒无名"，道本来没有名。同样的话也见于第32章。今本添字，作"道常无为而无不为"，并非本来面貌。

"化而欲作"，道散则万物化生，万物化生，才有人欲产生。

"吾将镇之以无名之朴"，道是没有名的，就像打家具的木材，没有打成家具之前，你不知道它该叫什么；打成家具，才有家具的名称。《老子》把这种未经加工的木材叫"无名之朴"，用它指道。这段话是说，万物自化后，人欲横流，还要用不发展的道理在上面镇着压着，不要让人欲失去控制。"无名之朴"，今本重文。

"夫将不欲"，"欲"，原作"辱"，这里读为欲。简本作"夫亦将知足"，和各本都不一样。河本、想本作"亦将不欲"，王本作"夫亦将无欲"，傅本作"夫亦将不欲"。

"不欲以静，天下将自正"，人欲得到控制，不再浮躁，天下就会返朴归真，一切又恢复正常。"欲"，原作"辱"，这里也读为欲。"正"，傅本作"正"，河本、王本作"定"，字相通，想本误为"止"。

第三十八章（今本第三十八章）

上德不德，是以有德；下德不失德，是以无德。上德无为而无以为也，上仁为之而无以为也，上义为之而有以为也，上礼为之而莫之应也，则攘臂而扔之。故失道而后德，失德而后仁，失仁而后义，失义而后礼。夫礼者，忠信之薄也，而乱之首也。前识者，道之华也，而愚之首也。是以大丈夫居其厚而不居其薄，居其实〔而〕不居其华。故去彼取此。

【大义】

《老子》超越孔子，不是跟孔子对着干，说仁、义、礼都是坏东西，而是把道、德摆在这三样之前，把它们比下去。它说，最好的德，是不求有得，所以有得；最坏的德，是唯恐有失，所以无得。最好的德和最好的仁、义、礼相比，它们的最大不同是：最好的德，彻底无为，行动无为，思想也无为；最好的仁，思想无为，行动有为；最好的义，彻底有为，思想有为，行动也有为；最好的礼，是不管人家愿意不愿意，非强迫别人做。德是根据道，最符合自然，最没强制性。道不行，才讲德；德不行，才讲仁；仁不行，才讲义；义不行，才讲礼。礼，是最无忠信的东西，为混乱之祸首。超前意识，是道的表象，华而不实，也是愚蠢之极。真正的男人，即大丈夫，是不相信礼，也不讲什么超前意识的。

马王堆本是以《德经》居前，《道经》居后，和今本不一样。但它们都以此章为《德经》第一章。《韩非子·解老》，一上来就是讨论这一章，篇幅很长。可见战国末年的法家，他们最重这一章。（道、德高于仁、义、礼）

【讨论】

"上德不德，是以有德；下德不失德，是以无德"，"上德"是最好的德，"下德"是最坏的德。"德"可读为得，这里是双关语。作者认为，"上德"无欲无求，所以有得，"下德"唯恐有失，所以无得。

"上德无为而无以为也"，"为"是人为去做，"以为"是刻意为之。人为去做是行为不自然，刻意为之是心里很虚伪。伪和为直接有关。楚简伪字，都是从心从为，伪的本义就是人为。关于"以"字的用法，请看第61章"大邦以下小邦，则取小邦；小邦以下大邦，则取于大邦。故或下以取，或下而取"，"以取"指大邦取小邦，"而取"指小邦取于大邦，一个是取人，一个是被人取。前者是主动，后者是被动。帛书本的意思是，上德是采取彻底无为的态度，不干也不想干，行为、动机都无为。此句至关重要，关系到《老子》最核心的思想。河本、王本同帛书本，严本、傅本作"上德无为而无不为"。高明认为，严本、傅本是后人有意窜改，这一改动来自《韩非子》。他说，《韩非子·解老》有"故曰上德无为而无不为也"一语，这是韩非的发挥，和原文无关，《老子》一书本无"无为而无不为"的说法，今本有这种话，是战国法家的思想，已偏离《老子》的思想。❶这里，我们要注意，原书的叙述是层层递进，取法乎上，而依次降低标准，很有顺序。"无为而无以为"最上，"为之而无以为"其次，"为之而有以为"又其次，"为之而莫之应"最下。从文理考虑，"无为而无以为"，要比"无为而无不为"更好。高先生的说法似乎很有道理。但值得注意的是，"无为而无不为"，除见于今本这一章，还见于今本的第48章。第48章的"无为而无不为"，帛书本残缺，今本，除严本作"〔无为〕而无以为"，各本皆作"无为而无不为"。高明是据严本补句。❷但郭店楚简本发现后，令人惊异的是，它的这一句，是作"无为而无不为"，可见这种说法，早在韩非之前就有。虽然这两章，简本只有第48章，无第38章；帛书本只有第38章，第48章残缺，各有一句不知道，但今本第38章，河本、王本作"无为而无以为"，严本、傅本作"无为而无不为"；第48章，河本、王本、傅本作"无为而无不为"，严本作"〔无为〕而无以为"，也是两种写法都存在。这里有两种可能，一种可能是两处说法一致，要么都作"无为而无以为"，要么都作"无为而无不为"；一种可能是两处说法不一致，要么先"无为而无不为"、后"无为而无以为"，要么先"无为而无以为"、后"无为而无不为"。简本可能属于第一种说法的后一种或第二种说法的后一种；帛书本，可能属于第一种说法的前一

❶ 高书，3—4页、421—425页。他的书，是《德经》在前，对第38章的讨论是第37章的前面。

❷ 高书，54—57页。

种或第二种说法的前一种；今本，只有傅本，两处都作"无为而无不为"，其他各本，两处都不一样，河本、王本是先"无为而无以为"而后"无为而无不为"，严本是先"无为而无不为"而后"无为而无以为"。《老子》提倡无为，到底是彻底无为，不为也不想为，还是心里不求有为，但实际上却无所不为，耐人寻味。《老子》后学分两派，一派以庄子为代表，强调"无为而无以为"，是狭义的道家；一派以韩非为代表，强调"无为而无不为"，是狭义的法家。这两派，各执一端。"无为而无不为"，是以退为进，强调进；"无为而无以为"，是不求进取，强调退。秦朝繁刑苛法，强调无不为，有为掩盖无为，走向反面，这是发挥法家的倾向；汉朝无为而治，力矫其过，是以退为进，反过来，再强调它的另一面，法家臭了，就打黄老的旗号，发挥道家的倾向。这是道法家的两副不同面孔。我的看法是，"无为而无以为"和"无为而无不为"，看似矛盾，其实不矛盾。两者都是《老子》的思想，并非韩非窜改。这句的下面，今本还有一句，"下德为之而有以为"（傅本作"下德为之而无以为"），这是为了呼应上文硬加上去的，其实，下文的"上仁"、"上义"、"上礼"就是"下德"，没有必要加这一句。

"上仁为之而无以为也"，"上仁"是最好的仁。最好的仁，属于下德。上德和下德的基本区别是，上德无为，下德有为。上仁和上德的共同点是"无以为"，不想干；不同点是上德"无为"而上仁"为之"，心里不想干，可还是干了，实际上干了。仁是孔子最重要的道德概念，儒家最爱讲。什么是仁？孔子说，"仁"就是"爱人"（《论语·颜渊》12.22）。他说过，"泛爱众而亲仁"(《论语·学而》1.6),似乎很博爱。但孔子的爱,绝非洒向人间都是爱,而是有等级有区别的爱。爱有差等,君子和小人,君子和民众,完全不一样。墨子反孔子,提倡兼爱,就是颠覆他的仁。《老子》反对孔子,不这么反。他强调的是,德应遵循自然。遵循自然的德才是上德,不遵循自然的德都是下德。我们都知道,孔子的特点是,"知其不可而为之"(《论语·宪问》14.38),明明办不成,还一定要干,这就是反自然。他明明知道什么是好什么是坏,跟统治者讲道理全是白费劲儿,但还要去劝说他们。这不是自己跟自己找别扭吗?《老子》说,这样的德不行,不能算上德。

"上义为之而有以为也","上义"是最好的义。最好的义,也属于下德。上义和上仁的共同点也是"为之",同样属于有为;不同点是上仁"无以为也"而上义"有以为也",它比上仁更多人为,更反自然。义者宜也,它是心安理得地干,自己强迫自己干。义也是孔子提倡的德。作者认为,这样的德更不行,也是下德。

"上礼为之而莫之应也,则攘臂而扔之","上礼"是最好的礼,礼是道德的延伸,用以约束人的行为,比仁、义更多强制性。上礼约束人,人家不理这一套,干脆生拉硬拽,强人就己,不听也得听。作者认为,上礼最多人为,最反自然,比上仁、上义更糟糕。"攘臂"是伸胳膊,捋袖子;"扔"是引的意思。礼也是孔子所重,老子更反对。战国晚期,讲道德,不吃香,大家看重制度,法家开始走红。法家有两个来源,一是儒家,二是道家。比如三晋法家,出自子夏。商鞅传李悝《法经》于秦,是出自这一系。荀卿是赵人，大讲礼法，也是援法释礼，扩大礼的概念。当时，儒家讲礼有这一路。道家不一样，他们讲礼，礼是礼，法是法，不用绕着走。他们的法，可以直接从道中开出，法是来源于道，来源于自然秩序，用不着借助礼的概念，所以对礼持批判态度。韩非兼习儒道，折衷礼法，最后归宿是法。这是儒道两家的殊途同归（当然后来又分道扬镳）。

"前识者，道之华也，而愚之首也"，"前识"是先见之明，现在叫超前意识。上面讲的上仁、上义、上礼，本来都是滞后的东西，因为没秩序，不得已，才大讲而特讲，但糟糕的是，讲到秩序之前了，就成了超前意识。大家都说，诸葛亮能掐会算，"三年早知道"（有个电影叫这个名字），最聪明；"事后诸葛亮"，不聪明。但《老子》不同，认为这是人为的东西，华而不实。"华"，参看下文，是对"实"而言。华即花，花好看，但好花不常开，开一阵儿就败了。实是果实，光开花，不结果，叫华而不实。《老子》认为，先见之明是华而不实，这种聪明，其实最愚蠢。

"是以大丈夫居其厚而不居其薄，居其实〔而〕不居其华"，"大丈夫"，是战国的时髦话。什么叫"大丈夫"？《孟子》的定义是"富贵不能淫，贫贱不能移，威武不能屈"（《滕文公下》），《文子》的定义是"内强而外明"（《精诚》），《韩非子》解释《老子》，说《老子》的"大丈夫"是聪明人，"谓其智之大也"（《解老》）。这段话，下句脱"而"字，是据乙本补。这里，何谓"厚"、"薄"？何谓"华"、"实"？值得推敲。我理解，"厚"是上德，"薄"是下德，下德就是上仁、上义、上礼。"实"是放弃"前识"。"华"是"前识"。"薄",乙本作"泊",楚简的薄字,经常这么写。

"去彼取此",见第12、74章。

这几句话,很有意思。我的经历告诉我,道德和秩序,秩序更重要。天下无道,就是天下大乱,秩序大乱。道德很实际,也很脆弱,秩序一乱,马上垮台。

《老子》讲道德,是讲符合自然的道德,不是人为的道德。作者认为,无为则真,有为则假。伪和为直接有关。彻底无为,不宣传,不提倡,心里无为,实际上也无为,才能杜绝伪善,提倡真诚。当时的社会,运转不灵,主要问题是失德背道,不讲无为。道德解体,是个三部曲,德不灵,才讲仁,劝人积德行善;仁不灵,才讲义,劝人勿行不义;义不灵,才讲礼,强迫大家非礼勿。礼是最后一招,下下策。他对礼,批评最厉害,"夫礼者,忠信之薄也,而乱之首也"。这些批评针对谁?我看是孔子。

我相信,生活中,真正有道德的人,都不会讲道德;满嘴仁义道德、礼义廉耻的人,一般都很缺德。我理解,真正的爱是发自内心近乎本能的爱。忠诚也是这样。研究动物行为学的专家告诉我们,人的忠诚,比不了狗,原因就在,它们的忠诚是发自本能。它们不会讲道德,也不知道德为何物,更不会为道德感动。

道家的流裔法家,很坦白。他们懂得,人性深处是生物本能,饿了要吃,渴了要喝,困了要睡,挡也挡不住。这种东西可以发展为贪财好色、怕苦怕死,好像全是缺点和弱点,但用于治术，正是动力所在。这是以人性为工具。当然不好听，但很实在。

我相信，压抑人性，压抑本能，才是不道德。上德，就是合乎人性的道德。合乎人性的道德，最能打动人。真正令别人感动的人，自己往往不感动。我在有些农村妇女的身上看见过这种东西。自作多情，自我感动，都是置身事外，没有受过苦，遭过难，见过生离死别大场面的人。这种人，以阅世不多的知识分子居多。他们的文学渲染，很多都是酸菜坛子。

感动别人，而自己无所动心，也不知感动为何物的人，是在一个很高的境界。

【补记】

"上德无为而无以为也"，傅本下文作"下德为之而无以为"，北大本同傅本，说明西汉已有这种文本。❶

❶《北京大学藏西汉竹书》贰，123页。

第三十九章（今本第三十九章）

昔之得一者，天得一以清，地得一以宁，神得一以灵，谷得一以盈，侯王得一而以为天下正。其致之也，谓天毋以清将恐裂，谓地毋以宁将恐废，谓神毋以灵将恐歇，谓谷毋以盈将恐竭，谓侯王毋以贵以高将恐蹶。故必贵而以贱为本，必高矣而以下为基。夫是以侯王自谓孤、寡、不穀。此其贱之本欤？非也。故致数誉无誉。是故不欲琭琭若玉，硌硌若石。

【大义】

《老子》以"一"喻道，说"天"、"地"、"神"（鬼神）、"谷"（一切空虚的东西）、"侯王"，什么都离不开"一"。比如"侯王得一而以为天下正"，唯我独尊，为天下主宰，就是天下的"一"。但作者说，高贵必以低贱为本，侯王自称"孤、寡、不穀"，就是以低贱为本。它说，追求过多的名誉，就等于没有名誉，与其高贵如玉，不如低贱如石。（**玉不如石**）

【讨论】

"一",指道。

"谷得一以盈",谷是空虚之处。此下,河本、王本和傅本多出"万物得一以生",但严本没有这句。

"正",河本、严本同,傅本、王本作"贞",为通假字。

"其致之也",是表示结果。乙本脱"之"字。

下面的五句话,"毋",今本作"无"。

"谓谷毋以盈将恐竭",此句下,河本、王本、傅本多出"万物无以生将恐灭",但严本没有这句。

"故必贵而以贱为本,必高矣而以下为基",古书引用,往往把"必"字放在"贵"、"高"下,如《战国策·齐策四》、《淮南子》的《道应》、《原道》、《文子·道原》,今本往往无"必"字,但河本有之,也是放在"贵"、"高"下。

"孤、寡、不穀",孤、寡是孤零零一个人,光棍一条,不穀是不善(或说没人养)。这些都是古代君王的谦词,西周金文,周王常称"余一人",春秋战国,则称孤家寡人。我们要注意,这种谦虚,后面掩盖的是绝对权力。"余一人"是权力中心,就像太一,高居宇宙的中心,孤立是孤立,权力大得不得了。

"此其贱之本欤?非也",意思是贵为贱的本吗?答案是相反。后两句,傅本作"是其以贱为本也?非",加了"以"字,河本、王本作"此非以贱为本邪,非也",还加了否定词。

"故致数誉无誉",追求过多的荣誉,等于没有荣誉。

"是故不欲琭琭若玉","琭琭",音 lùlù,是玉的样子。此句是说不欲高贵如玉。

"硌硌若石","硌硌"音 luòluò,是石的样子。此句是说宁愿低贱如石。

第四十章（今本第四十一章）

上士闻道，勤能行之。中士闻道，若存若亡。下士闻道，大笑之。弗笑，不足以为道。是以建言有之曰：明道如昧，进道如退，夷道如类。上德如谷，大白如辱，广德如不足，建德如〔偷〕，质真如渝。大方无隅，大器晚成，大音希声，大象无形。道褒无名。夫唯道，善始且善成。

【大义】

《老子》说话，总是"正言若反"（第80章），非凡夫俗子所能理解。比如同样是"闻道"，聪明人会遵道勤行，普通人会若依若违，傻子会加以嘲笑。傻子不嘲笑，它也就不叫道了。真正的道，好像相反的东西，看见好像看不见，前进好像后退，平坦好像崎岖。真正的德也如此，总是虚怀若谷，清白好像有污点，有余好像不足，勤奋好像怠惰，不变好像多变。大方无角，大器晚成，大音听不见，大象看不到。道总是藏而不露，不为人知，但只有道，才是善始善终的东西。（闻道）

【讨论】

"上士闻道，勤能行之。中士闻道，若存若亡。下士闻道，大笑之"，作者认为，上士闻道，遵道而行，最好；中士闻道，若依若违，次之；下士闻道，大加嘲笑，最不像话。"勤能行道"，简本作"仅能行于其中"，帛书甲本缺，乙本作"堇能行之"，今本作"勤而行之"。

"弗笑，不足以为道"，是说如果下士不嘲笑，道也就不叫道了。

"建言"，应是成语，或以为书名。

"明道如曹"，乙本作"费"，整理者以为是"曹"字之误。曹音 fèi，是目不明，和"明"相反。

"夷道如类"，"夷"是平坦，"类"通戾，和"夷"相反，是表示不平坦。"类"，简本作"绩"，为通假字，王本作"纇"，是异体字。

"上德如谷"，谷是虚空之义。

"大白如辱"，"辱"同黥，音 rǔ，是黑垢。

"广德如不足"，"德"是双关语，犹言广得如不足。"广德"类似"玄德"（第10、51、65章）、"孔德"（第21章）、"恒德"（第28章）、"建德"（第40章）。

"建德如偷"，"建"同健，指勤奋有为；"偷"，简本、帛书本缺；河本作"揄"，为通假字；傅本作"媮"，字同偷；严本、王本作"偷"，是怠惰的意思。

"质真如渝"，"质真"是不变，"渝"是变，简本作"愉"，为通假字。

"大方无隅",方形有四个角,大方却没有这些角。

"大器晚成","大器",古书多见,是指贵重的器物。这种器物,制造起来,必然费工费时,故曰大器晚成。"晚",简本作"曼(慢)",读音相同,意思也差不多。

"大音希声",第14章:"听之而弗闻,名之曰希。""希"是稀少的意思。

"褒",掩藏,今本作"隐",是通俗化。第32、37章有"道恒无名",意思差不多。

"善始且善成","始",今本作"贷",为通假字,旧注以为施与之义,明显不如古本。

第四十一章（今本第四十章）

反也者，道之动也。弱也者，道之用也。天下之物生于有，有生于无。

【大义】

《老子》喜欢讲一正一反。一正一反，才有运动，但矛盾双方，它总是取弱势立场。"天下之物生于有，有生于无"，"无"就是道。（无反不动，必弱之用）

【讨论】

此章有简本。

"反也者，道之动也"，简本"反"作"返"，两种读法，"反"更好。郭店楚简《太一生水》有所谓"反辅"。相反相成是道的动力。读返，意思不一样，是走向反面，又转回去了。

"弱也者，道之用也"，《老子》贵柔贵弱，在矛盾的两个方面里，总是站在弱势的一方。

"天下之物生于有，有生于无"，《老子》主张无中生有。道生天地，天地生万物，道是虚无，天地万物是实有，有生于无。"之物"，简本、傅本同，河本、王本作"万物"。最后一句，简本脱"有"字。

第四十二章（今本第四十二章）

道生一，一生二，二生三，三生万物。万物负阴而抱阳，冲气以为和。天下之所恶，唯孤、寡、不穀，而王公以自名也。物或损之而益，益之而损。故人之所教，亦我而教人。故强梁者不得其死，我将以为学父。

【大义】

这段话分两部分。前一部分，"道生一"至"冲气以为和"是讲道，即道生天地，天地生万物的过程。这是《老子》的宇宙论。后一部分，"天下之所恶"至"我将以为学父"是讲德，即古人说"强梁者不得其死"的道理。这是老子的处世哲学。（争强好胜，不得好死）

【讨论】

"道生一"，"一"是太一。古代的太一分两种，一种是终极的太一，即道。一种是道的派生物，即作为三一之一的太一。既然这里说"道生一"，可见这里的"一"还不是作为道的太一，而是次一级的太一。

"一生二，二生三"，古有三才说、三一说、三官说，都有一、二、三的关系。三才是天、地、人，三一是太一星下面的三颗星：天一、地一、太一（次级的太一），三官是道教讲的天官、地官、水官。八主祠，与三才相当是天主、地主、兵主。郭店楚简《太一生水》的宇宙模式，类似三官说，是由天、地、水构成，水是相当次级的太一，它们和太一的关系是太一生水，再生天，再生地，水在天地之前。"三皇五帝"的"三皇"就是从三才、三一衍生。古代创世说，或主于气，或主于水，《太一生水》是主于水。现在，地球人乘宇宙飞船到外星探测生命，条件之一就是水。当然，气也很重要。

"三生万物"，是说天、地、水一类东西生出万物。

"万物负阴而抱阳"，万物包裹在阴阳二气中。"负阴"是背靠阴，抱阳是面抱阳。中国古代，讲究背北面南，或前左为阳，右背为阴，就是属于负阴抱阳。《淮南子·精神》"背阴而抱阳"，"背"是通假字。背、倍、负，古书经常通假。

"冲气以为和"，是说阴阳二气互相调和。《老子》提到气，还有第10、55章。

"天下之所恶，唯孤、寡、不穀，而王公以自名也"，参看上第39章。"王公"，类似前面提到的"侯王"（第32、37、39章），河本、王本作"王公"，傅本作"王侯"。古代的天下共主叫王（也有蛮夷君长自称为王的例子），内服王臣之最尊者叫公，外服封建的军事首长叫侯。

"故人之所教，亦我而教人"，有两种读法，一种不破读，意思是，所以人家教我的东西，也就是我用来教人的东西；[1]一种是把"故"读为"古"，意思是，这是古人教给我的东西，也是我用来教人的东西。[2]这段话，乙本完全残去。河本、王本作"人之所教，我亦教之"，严本作"人之所教，亦我教之"，傅本作"人之所以教我，亦我所以教人"，都没有"故"或"古"字。我认为，这里无论有没有"故"字，也无论怎么读这个字，前面的"人"都应指古人，后面的"人"都应指今人。如果理解为别人教我什么，我也拿什么教别人，好像没什么意思。

"故强梁者不得其死"，即上文"故人之所教，亦我而教人"的话。《说苑·敬慎》引《金人铭》有"强梁者不得其死，好胜者必遇其敌"等语（又见《孔子家语·观周》引），就是此语的出处。[3]孔子说子路"不得其死然"（《论语·先进》11.13），南公适说羿、奡"不得其死然"（《论语·宪问》14.5），都是批评他们太好强。这些话当是古语。

"学父"，今本作"教父"。学父即教父，是提供教诲，可供学习的人，不是西人所谓的 godfather。古文字，教、学同源，如同闻、问。《说文·攴部》，教、斆并列：教，许慎以效释教，小篆从攵从子，古文有两种写法，一种从攵从子，加心旁，一种从爻和攴旁；斆即学，许慎以觉释斆，小篆作学。教字从孝，是后起。

---

[1] 郑良树《老子新校》，196—198 页。

[2] 高书，33—34 页。

[3] 郑良树《〈金人铭〉与〈老子〉》，收入他的《诸子著作年代考》，12—20 页。

第四十三章（今本第四十三章）

天下之至柔，驰骋于天下之至坚。无有入于无间。吾是以知无为之有益也。不言之教，无为之益，天下希能及之矣。

【大义】

不言胜有言，无为胜有为，就像最软的东西可以穿透最硬的东西，最虚的东西可以插入最实的东西。（**无为之益**）

【讨论】

"天下之至柔，驰骋于天下之至坚"，《老子》喜欢讲以柔克刚，"至柔"是最软，"至坚"是最硬。水性至柔，可以穿石，就是属于以柔克刚。参看第80章："天下莫柔弱于水，而攻坚强者，莫之能胜也，以其无以易之也。水之胜刚，弱之胜强，天下莫弗知也，而莫能行也。"古书说，老子还有一个比喻，是牙齿和舌头。牙齿硬，舌头软，人老了，牙齿掉了，舌头还在。如《说苑·敬慎》载叔向答韩平子问，就是用舌齿之喻解释这段话（参看附录一）。

"无有入于无间","无有"是虚,"无间"是实。兵家讲避实击虚,以实击虚,是以石头砸鸡蛋作比喻(《孙子·势》),《老子》相反,讲虚亦可入于实。比如风和气,都属于"无有",但它们无孔不入,再实再密,只要有缝隙,就会钻进来。这句话,河本、严本、王本作"无有入无间",同《淮南子·道应》引;傅本作"出于无有,入于无间",同《淮南子·原道》引,各有所据。

"天下希能及之矣",今本删"能"字。

第四十四章（今本第四十四章）

名与身孰亲？身与货孰多？得与亡孰病？甚爱必大费，多藏必厚亡。故知足不辱，知止不殆，可以长久。

【大义】
名声和身体，哪个跟你关系更密切？当然是身体。身体和金钱，哪个对你更重要？当然是身体。得到和失去，哪个让你更头疼？当然是得到。人，越喜欢什么，就越是会在什么东西上乱花钱；越想积聚什么，什么东西就散亡得越快。懂得满足，才能免遭破产，不致太丢脸。懂得收敛，才能守得住财，长盛不衰，保持长久。（知足长乐）

【讨论】
此章有简本。

"身与货孰多"，"多"不是指这两个方面谁多谁少，而是指哪一方面更重要。

"得与亡孰病"，简本作"贵与亡孰病"，整理者读"得与亡孰病"。

"多藏必厚亡"，简本作"厚藏必多亡"。

"殆"，亦不竭之义。

第四十五章（今本第四十五章）

大成若缺，其用不敝。大盈若盅，其用不穷。大直如诎，大巧如拙，大赢如绌。躁胜寒，静胜热，清静可以为天下正。

【大义】

最完整的东西好像很不完整，有所缺失；最充实的东西好像永远装不满，十分空虚。它们的用处，真是无穷无尽。最笔直的，好像是弯的。最灵巧的，好像是笨的。最有余的，好像是不足。《老子》讲话，总是这样"正言若反"（第80章）。治天下，本来很累人，紧着操心都操不过来，但它却说，"清静可以为天下正"，统治者越是清静无为，天下越安生。作者打比方说，这就像冬天太冷，蹦蹦跳跳，活动腿脚，可以御寒；但夏天太热，只有减少户外活动，不急不躁，才能解暑。俗话说，心静自然凉。

（清静可以治天下）

【讨论】

此章有简本。

"大成若缺,其用不敝","成"与"缺"相反,是完整、完美。"敝"有衰败、凋残之义,与下文"穷"字相近。

"大盈若盅","盈",是满盈,傅本避汉惠帝讳作"满"。"盅"是空虚,与"盈"相反。

"大直如诎,大巧如拙,大赢如绌",这三句,简本作"大巧若拙,大成若诎,大直若屈",顺序不一样。"大赢如绌",简本作"大成若诎",似袭上文而误。"大巧如拙"下,今本多出"大辩若讷"。"诎"音qū,同屈,与"直"相反。"巧"与"拙"相反。"赢"是多余,"绌"音chù,是不足,两者也相反。楚帛书有"泾(赢)绌不得其常",古书还有"赢缩",是同义词。

"躁胜寒,静胜热","躁",简本作"燥",是通假字,从文义看,还是读躁更好。"躁"是多动的意思,与"静"相反。"寒",简本作"苍"。楚文字,寒与苍、仓写法相近,每每混用。"寒"与"热"也相反。

"正",是主宰之义。

这几句中的"若"和"如"字,帛书本不统一,简本、今本都是统一的,统一起来更好。

第四十六章（今本第四十六章）

天下有道，却走马以粪；天下无道，戎马生于郊。罪莫大于可欲，祸莫大于不知足，咎莫憯于欲得。故知足之足，恒足矣。

【大义】

这里再次批评战争。作者说，天下有道，马放南山；天下无道，才从四郊征发战马。人类的罪恶、灾难和不幸，都是因为贪得无厌。从知足中获得满足，才是最大的满足。（知足才是足）

【讨论】

此章有简本，缺前四句。

"天下有道"、"天下无道"，天下有道，莫过于和平；天下无道，莫过于战争。

"却走马以粪"，是把能跑的马放走，不再用于战争，即俗话说"刀枪入库，马放南山"的"马放南山"。"粪"，作为名词，指弃物，如垃圾、粪便；作为动词，指弃除或粪田，这里指弃除。古代道教有"却走马"一词，就是借用《老子》的话作房中术语，如葛洪论房中之效，说"夫阴阳之术，高可以治小疾，次可以免虚耗而已。……善其术者，则能却走马以补脑，还阴丹以朱肠，采玉液于金池，引三五于华梁，令人老有美色，终其所禀之天年"（《抱朴子·微旨》）。"却走马以补脑"，是止精不泻、还精补脑的意思。

"戎马生于郊"，戎马是驾战车的马。古代，齐鲁等国征军赋，有所谓"匹马丘牛"（《司马法》佚文），"匹马丘牛"是从丘一级（古代居民组织的一级）征上来的。

"罪莫大于可欲"，简本作"罪莫至乎甚欲"，整理者以为第三字是厚字，其实这个字相当于冢字，应读为重，我把它改读为"罪莫重乎贪欲"。"甚"，楚文字的写法与"可"字相近，容易混淆。

"咎莫憯于欲得"，"憯"，音 cǎn，同惨，是痛的意思。《韩非子》的《解老》、《喻老》和傅本同。简本作"咎莫佥乎欲得"，我怀疑是读为"咎莫险乎欲得"。

"故知足之足，恒足矣"，从知足中获得的满足，才是永恒的满足。

这里为什么要把话题落在"知足"上？答案是，战争起于贪欲，和平赖于知足。

第四十七章（今本第四十七章）

不出于户，以知天下。不窥于牖，以知天道。其出也弥远，其知弥少。是以圣人不行而知，不见而明，弗为而成。

【大义】

《老子》论知，强调不出门，知天下。它认为，路跑得越远，知道得越少。圣人"不行而知，不见而明"，也是属于无为。（**不出门，知天下**）

【讨论】

"不出于户，以知天下。不窥于牖，以知天道"，"户"是门户，门、户都是象形字，门像两扇门，户像一扇门；"知天下"是知地上的事；"牖"音yǒu，是窗户；"知天道"是知天上的事。本来，照理说，要想了解地上的事，就得出门旅行，进行调查；要想了解天上的事，就得打开窗户，仰望星空，观察天道运行的规律。但《老子》故意说，不出门，也不打开窗户，照样可以知道这些事。俗话说，"秀才不出门，焉知天下事"，这是一种说法。另一种说法，是"秀才不出门，便知天下事"，正好相反。《老子》属于后一种。人，自个儿把自个儿关家里，怎么知道外边的事？这事搁现在，不新鲜，我们有报纸、电视和网络，但在古代，很奇怪。我理解，作者强调的是，与其道听途说，不如坐而悟道。"以知"，河本、王本删"以"字，傅本反而添字，作"可以知"。

"其出也弥远，其知弥少"，顾炎武主张"行万里路"，地理学家、博物学家、考古学家和旅行家都是要走万里路的。政治家也少不了畅游大江南北。知识分子，经常蹲在家里，闭门造车。如李敖就主张卧游，在书本里旅游。其实出门有出门的道理，不出门也有不出门的道理。读万卷书，主要就是在屋里读。思考，也是在自家的庭院或花园里遛弯儿就够了。古代世界，很多大智慧，都是躲起来悟道，不是坐在树下，就是钻在山洞里，还有对着墙壁发呆的，除了化缘讨吃喝，或取经传教，根本不出门。不但不出门，连书都不读。《老子》也认为，悟道不需要出门。

"是以圣人不行而知，不见而明，弗为而成"，"不行而知"，这是对上文的总结。"不行而知"就是"不出于户，以知天下"；"不见而明"就是"不窥于牖，以知天道"。"明"，甲本缺，乙本和今本都作"名"。明、名二字，古书常通假，《韩非子·喻老》引作"明"，第23章有"不自见故明"，第52章有"见小曰明"，可见应以读"明"为是。"弗为而成"，和前两句不同，用"弗"不用"不"，今本作"不"。

第四十八章（今本第四十八章）

为学者日益，闻道者日损，损之又损，以至于无为。无为而无不为。取天下也，恒无事；及其有事也，不足以取天下。

【大义】

此章和上一章，文义相承。求知，总是越学越多；悟道，总是越悟越少。在求知的问题上，《老子》也强调无为。（**为学日益，闻道日损**）

【讨论】

此章有简本，缺最后四句。

"为学者日益，闻道者日损"，今本删"者"字。"为学"是学习知识，"闻道"是琢磨道理。学习知识，总是越来越多；琢磨道理，总是越来越少，这是很深刻的体会。专业化的知识分子，本事大，主要是看谁读书多，看谁能把本来看上去很简单的事，越说越复杂。这是很了不起的本事，但本事再大，也只是一半,好像爬楼,越爬越高。另一半更重要,是把复杂的东西化简,何妨一下楼,但很多人却下不来了。我理解,通俗是很高的境界,真正的通俗,绝不是白开水,小儿科,而是深入浅出,把复杂的事情,想得明明白白,也说得明明白白,这是最高境界。

"损之又损,以至于无为",《老子》推崇道,在他看来,道是最简单的东西,追求道者必然追求简单。"损之又损",简化到不能再简单,也就没事可干了。这最后一步,当然也就是"无为",不想不说不动。

"无为而无不为",帛书甲、乙二本均残缺,简本、古书引文(如《庄子·知北游》、《淮南子·原道》、《文子·道原》)和今本多作"无为而无不为",只有严本作"〔无为〕而无以为"(上文作"至于无为","无为"应重文)。关于"无为而无以为"和"无为而无不为"的不同,请参看第38章的讨论。这两处的文本异同至关重要,道家的无为派和有为派,是各自发挥这两句中的一句,我们不要看轻了。

"无事"、"有事",第57章说"以无事取天下","我无为而民自化,……我无事而民自富,……",第63章说"为无为,事无事","无事"和"无为"有什么区别?主要在于,"为"是自作为,"事"是劳民为。

第四十九章（今本第四十九章）

圣人恒无心，以百姓之心为心。善者善之，不善者亦善之，德善也。信者信之，不信者亦信之，德信也。圣人之在天下，歙歙焉，为天下浑心。百姓皆属耳目焉，圣人皆孩（骇）之。

【大义】

圣人以民心为己心，无所厚薄。有本事也好，没本事也好，一视同仁，所以能发挥他们的长处；可信任也罢，不可信任也罢，一视同仁，所以能得到他们的信任。圣人治天下，总是小心翼翼，以民心为己心，与民同心。百姓的眼睛都盯着他，百姓的耳朵都听着他，他不能不感到害怕。（以民心为己心）

【讨论】

"圣人恒无心，以百姓之心为心"，《老子》讲无为而治，是以民心向背为本。《六韬·文韬·文师》："天下非一人之天下也，乃天下之天下也。"

"善者善之，不善者亦善之，德善也。信者信之，不信者亦信之，德信也"，这是讲统治者对百姓的态度。"善者"，也叫"善人"。它有两种含义，一种指道德上的好人，一种指有本事有特长的人。参看第27章："故善人，善人之师；不善人，善人之资也。"这里的"善者"和第27章的"善人"，可能意思相同，主要指有本事有特长的人。今本在"善者"、"不善者"、"信者"、"不信者"下添"吾"字。帛书本，只有乙本保存了第二个"德"字，可知作"德"。傅本作"得"，是破读的结果。两"德"字都是得的意思。

"歙歙"，音 xīxī，是惊惧害怕的意思。傅本、王本同，河本、景福碑作"怵怵"（音 chùchù），严本作"惵惵"（音 diédié）。《孙子·行军》有"谆谆諭諭"，也是类似意思。

"为天下浑心"，"浑"有浑融之义，这里指与民同心，即上所说"圣人恒无心，以百姓之心为心"，旧注以为浑朴之义，恐怕不是本义。

"百姓皆属耳目焉"，百姓都盯着君主，听着君主，君主的一举一动都在他们的监视之下。"属"，乙本作"注"，今本亦作"注"，皆通假字。

"圣人皆孩（骇）之"，"孩"是动词，疑读骇，指万民瞩目，为君者处于惊惧之中。旧注以为，这句话是说，圣人使民归朴，如同婴孩，恐怕不是本义。这个字，帛书本残缺，河本、王本作"孩"，严本作"骇"，傅本作"咳"。

第五十章（今本第五十章）

出生入死。生之徒十有三，死之徒十有三，而民生生，动皆之死地之十有三。夫何故也？以其生生也。盖闻善摄生者，陵行不避兕虎，入军不被甲兵。兕无所揣其角，虎无所措其爪，兵无所容其刃。夫何故也？以其无死地焉。

【大义】

这是讲养生、护生的境界。养生、护生属于德。作者说，人活一辈子，三分之一是在生道上，三分之一是在死道上，三分之一是处于生死之间，动不动就被置于死地，原因是他太想活命。真正善于养生、护生的人，不怕野兽袭扰，不怕兵刃加害，原因是他处处都能逢凶化吉，不会被置于死地。（出生入死）

【讨论】

"出生入死"，人都是出生入死，很普通。现在，这个词的含义有变化，好像只有不怕死的先烈才当得起。老子是不发展主义者，生命是好例子。现在，谁都说发展好，只有生命是例外，谁都叹人生苦短，生日总是越过越少。

"生之徒十有三，死之徒十有三，而民生生，动皆之死地之十有三"，"徒"，本指徒役和步兵，这里是类属之义。人生，顶多一百年，除了个别老寿星，可以超过一百岁。生，生长发育，上升期，占三分之一；死，垂老病死，衰落期，也占三分之一；生生，即从生到死的过渡期，经常是介于二者之间，动不动就会死掉，也占三分之一。"而民生生"，傅本作"而民之生生而动"，河本、王本作"人之生"。"人"是避唐太宗讳改字。

"以其生生也"，严本、王本作"以其生生之厚"，傅本作"以其生生之厚也"。《文子·九守》、《淮南子·精神》"以其生生之厚"，或即所本。河本作"以其求生之厚"。

"摄生"，帛书本作"执生"，二者是通假关系。养生，古人也叫摄生、护生和卫生。它们的不同之处是，养生主于养，摄生、护生、卫生主于护卫。

"陵行不避兕虎"，"陵"与陆字形相近，今本作"陆行"，陵是山陵，陆是陆地，含义不同；"兕虎"，兕是犀牛，虎是老虎，犀牛是生活于平陆，老虎则多栖居山陵。古人把犀牛分为两种，一种是犀，体形较小，似猪；一种是兕，体形较大，似牛。动物学家说，前者是印度犀（*Rhinoceros unicornis*），后者是爪哇犀（*Rhinoceros sondaicus*）。❶

"甲兵"，甲是铠甲，兵是戈、矛、剑、戟、弓矢。

"兕无所揣其角，虎无所措其爪，兵无所容其刃"，"揣"，可读 tuān，如今语的端，训持，今本作"投"。《韩非子·解老》"兕无所投其角"，或即所本。这几句，是讲养生、护生的境界。

❶ 郭孚等《中国古代动物学史》，北京：科学出版社，1999年，103页。

避虎狼、避鬼魅、避兵，都属于古代的禁闭之术。参看《抱朴子》的《至理》、《释滞》、《登涉》。《西游记》，孙悟空化缘，给唐僧画个圈，念个咒，就属于避鬼魅、避虎狼；义和团，讲刀枪不入，则属于避兵。

人生，酸甜苦辣，五味俱全。我们是一辈子受苦，一辈子享福，还是先甜后苦，先苦后甜，还是先甜后苦又后甜，先苦后甜又后苦，可以有不同的配方。生活的机遇，实在很难预料。但《老子》说了，不管怎么活，都是出生入死。

第五十一章（今本第五十一章）

道生之而德畜之，物形之而器成之。是以万物尊道而贵德。道之尊，德之贵也，夫莫之爵而恒自然也。故道生之畜之，长之育之，亭之毒之，养之覆之。生而弗有也，为而弗恃也，长而弗宰也，此之谓玄德。

【大义】

道生万物，德养万物，故万物尊道而贵德。但道之尊，德之贵，不是表现在它们的头衔上，而是表现在它们的遵循自然上。道对万物生长的每一个环节都极尽呵护，绝不人为干预和控制其生长，这就叫"玄德"。（**玄德**）

【讨论】

"道生之而德畜之"，道生万物，德畜万物。生是创生，畜是畜养。养牲口叫畜。牲口是驯化动物（domestic animal）。与驯化动物相对，是野生动物（wild animal）。动物可以驯化，植物也可以驯化。

"物形之而器成之","物"是天地所生,生而赋其形叫"形之";器是人所制造,造而赋其形叫"成之"。"器",今本作"势"。

"道之尊,德之贵也,夫莫之爵而恒自然也",道生万物,德养万物,虽可尊可贵,但没有尊贵的称号,完全是靠遵循自然。"爵",是封号或官衔。严本、傅本作"爵",同于帛书本。河本、王本为了通俗,改成"命"。

"故道生之畜之",上面说"道生之而德畜之",这里没说德,但应包括德。

"长之育之","长"是使其生长,"育"本指养小孩,这里也是养之,使其生长。"育"字,原作"遂"。古文字,最初是以述为遂,无遂字。汉代有遂字,多用为逐字,逐是定母觉部,育是喻母觉部,这里读为育。

"亭之毒之",是安之定之的意思。"亭"可读定,古书常用为定;"毒"与笃也是通假字,《广雅·释诂》训安。严本、王本、龙兴碑为了通俗,改成"成之熟之"。

"养之覆之","覆"是覆育之覆,《广雅·释诂》作"腹",训为生,王念孙《广雅疏证》卷一下说,"覆与腹通,挚生谓之覆育,化生亦谓之覆育"。

"生而弗有也,为而弗恃也,长而弗宰也,此之谓玄德",类似的话又见第10章,作"生之畜之,生而弗有,长而弗宰也,是谓玄德"。第65章也有"玄德"。

第五十二章（今本第五十二章）

天下有始，以为天下母。既得其母，以知其子。既知其子，复守其母，没身不殆。塞其兑，闭其门，终生不勤。启其兑，济其事，终身不勑。见小曰明，守柔曰强。用其光，复归其明，无遗身殃，是谓袭常。

【大义】

《老子》讲生命哲学，喜欢拿妇女生孩子打比方：天下万物是孩子，妈妈是道。作者拿这个比方解释道和万物的关系。他说，天下的一切是从道开始。只有理解道这个妈妈，才能理解她的孩子，即天地万物。见物思道，守道而行，一辈子都不会有危险。闭目塞听，无所作为也好，睁眼竖耳，有所作为也好，一辈子都不会受累。洞察隐微，是靠眼睛好，借助光亮，是为看得清。只有洞察隐微，却抱柔守弱，才不会给自己留下祸殃，这是要永远坚持的原则。（道为万物之母）

【讨论】

此章有简本，但只有"塞其兑，闭其门，终生不勤。启其兑，济其事，终身不逮"这几句。

"天下有始，以为天下母"，"天下母"是道，道是天下的开始。

"既得其母，以知其子"，"母"是道，"子"是天地万物。"既得其母"是既得其道，"以知其子"是根据道认识天地万物。上句，河本、龙兴碑、景福碑改成"既知其母"。

"既知其子，复守其母，没身不殆"，是说已经认识天地万物，还要由天地万物回归于道，不离于道。不离于道，故能身死而其用不竭。

"塞其兑，闭其门"，堵塞孔穴，关闭门户。这里是指绝智弃欲，闭目塞听。"兑"，俞樾《诸子平议》读为穴。同样的话，也见于第56章。

"终生不勤"，是终生不劳。"勤"，今本同，简本作"丞"，似应读为"终生不懋"。懋字的意思是勤勉，与勤同义。

"启其兑，济其事"，"启"和"闭"、"塞"相反，今本避汉景帝讳改字，作"开"；"济其事"，是成其事。

"终身不勑"，与上"终身不勤"互文。勑有勤劳之义，如《尔雅·释诂上》就有这种训诂。末字，简本作"逮"，帛书甲本缺，乙本作"棘"，今本作"救"。古文字，求字有两种写法，一种是裘皮之裘，即今求字；一种是祈求之求，和常见的求字不一样，写法没有传下来。其字形与來、束二字相似，极易混淆。简本"逑"是从来得声的字。帛书"㨥"、今本"救",都是逑字之误。这里根据简本补字,直接读为"勑",今本读为"不救",是把"启其兑,济其事"当作负面的做法。过去,大家都以为,原文是说,"塞其兑,闭其门"好,"启其兑,济其事"不好,现在看来并不对。

"见小曰明",是察于细微。

"用其光,复归其明",有光才看得见,但用其光,是为了看得见,还要落实到明。

"袭常",是一贯的常,相沿相续的常,指永远坚持的原则。"袭",傅本同,河本、王本作"习"。参看第 27 章"袭明"。这里的"常",恰当韵脚,不是避汉文帝讳改字,当是本来面目。

此章,始、母、子、殆、事、逑是押之部韵,门、勤是押文部韵(文部与之部为元音相同的旁对转),明、强、光、殃、常,是押阳部韵。

第五十三章（今本第五十三章）

使我挈有知，行于大道，唯迤是畏。大道甚夷，民甚好径。朝甚除，田甚芜，仓甚虚。服文彩，带利剑，厌饮食，资财有余。是谓盗竽，非道也哉。

【大义】

这里是以道路之道比喻道。作者说，如果我带着熟人，走在一条大道上，我最害怕的就是误入歧途，但世人总是放着平坦的大道不走，非挑小路走。其结果是，庙堂之上倒很干净，有权有势的人，吃得好，穿得好，富得不得了，但田园荒芜，仓廪空虚。这不是道，而是盗。（行道要行大道）

【讨论】

"使我挈有知，行于大道"，假如我带着熟人，走在大道上。这两句话，历来存在误解。上句，乙本作"使我介有知"，"介"是通假字。今本袭其读，作"使我介然有知"，又加了"然"字。只有严本注文作"提聪挈明"，还保留了古本原貌。[1] "挈"，

[1] 高书，79—80 页。

音 qiè，是携带之义，本来是谓语动词，乙本作"介"，已经失其本义，今本加"然"，更使意义大变，"介然"成了修饰"有"的副词，"有"反而成了谓语动词。"介然有知"，旧注多以"知"为知识的知，"介然"是形容"我"很有知识。但携带知识上路，或非常聪明地上路，实在不成话。古代训诂，"知"往往指相知相识，或相知相识的人，不一定都是指知识的知。如《史记·李将军列传》，"余睹李将军悛悛如鄙人，口不能道辞。及死之日，天下知与不知，皆为尽哀"，"知"就是指认识自己、熟悉自己的人，"不知"就是不认识、不熟悉自己的人。我认为，与熟人同行，才文通字顺。"行于大道"，是走在大路上。注意，这里是以道路之道比喻哲学意义上的道。

"唯迤是畏"，唯恐误入歧途，走到邪路上去。"迤"，音 yǐ，是邪路或曲径，甲本"唯"下缺三字，乙本作"他"，今本作"施"，王念孙读迤，以为邪道。迤，许慎训衺行（《说文·辵部》）。

"大道甚夷，民甚好径"，大道很平坦，但老百姓老是放着大道不走，专找捷径。"径"是步行的小道。甲本作"懈"，乙本、今本作"径"，懈是见母支部字，径是见母耕部字，乃阴阳对转的通假字。《论语·雍也》6.14："有澹台灭明者，行不由径，非公事，未尝至于偃之室也。"古代对走路有规定，不能放着大道不走，随便走小路。如《周礼·秋官》有野庐氏"掌道禁"，"禁野之横行径踰者"，宋程大昌《考古编》卷九、清惠士奇《礼说》卷一二对此有考证。

"朝甚除，田甚芜，仓甚虚"，庙堂很干净，但田野很荒芜，仓廪很空虚。或说，除读涂，正好相反，是脏乱。仓是方形的粮仓。仓与囷（音 qūn）不同，囷是圆仓。仓与廪也不同，仓是放未脱壳的谷，廪是放脱过壳的米。仓囷的模型，考古多有之，仓少而囷多。

"服文彩，带利剑，厌饮食，资财有余"，穿漂亮衣服，佩锋利刀剑，大吃二喝，钱财有余。"厌"同餍，是足食之义。

"盗竽"，含义不太清楚，还有待研究。"竽"，甲本残缺，乙本左从木，右半缺，整理者疑为扝（音 yū），读为盗竽。《韩非子·解老》作"盗竽"。他说，"竽也者，五声之长者也"，学者多以为，"盗竽"就是盗魁、盗首、强盗头子。"盗竽"，今本作"盗夸"，"竽"和"夸"通假。

第五十四章（今本第五十四章）

善建者不拔，善抱者不脱，子孙祭祀不绝。修之身，其德乃真；修之家，其德有余；修之乡，其德乃长；修之国，其德乃丰；修之天下，其德乃溥。以身观身，以家观家，以乡观乡，以邦观邦，以天下观天下。吾何以知天下之然哉？以此。

【大义】

《老子》说，一个国家，要想长治久安，维持其统治，子子孙孙，祭祀不绝，一定要知道它是怎么构成的，就像善于树立的人，他树起的东西，拔也拔不掉，善于抱持的人，他抱紧的东西，挣也挣不脱。

国家的基础是什么？《老子》说，是个人。它是从身到家，从家到乡，从乡到国，从国到天下，一环扣一环建立起来的。

我们都知道，儒家有所谓修齐治平，这里是类似说法。从身到家，从家到乡，从乡到国，从国到天下，也是从小到大。但

《老子》讲修身，不是修仁义道德，而是养护自己的身体。它所谓的"德"是得其自然之德：只有符合自然，才能保全性命。它是用这个道理讲他的修家、修乡、修国、修天下。身虽然小，但天下是由个人构成，身是基础。

《老子》贵身，但它不是说，只要把身体搞好，就什么都好了。它是就事论事，实事求是：身是什么就是什么，家是什么就是什么，乡是什么就是什么，国是什么就是什么，天下是什么就是什么，绝不乱掺和。（何以知天下）

【讨论】

此章有简本。

"善建者不拔，善抱者不脱，子孙祭祀不绝"，"绝"，简本作"毛"，《喻老》及今各本多作"辍"，这三个字，古音相近。

"其德乃溥"，即所谓"广德"（第40章）。"溥"，甲本残缺，乙本作"博"，河本、严本、王本作"普"，傅本作"溥"，这些字，互为通假字，都是表示其德广被。

"以身观身，以家观家，以乡观乡，以邦观邦，以天下观天下"，这五级，是由小到大排列："身"是个人，"家"是家族，"乡"是乡里，"邦"是国家，"天下"是世界。古代贵族社会，"天下"是万邦共存的世界，"邦"是一国之主的大家，"家"是其臣僚的小家，"乡"是这些臣僚聚族而居的居民组织，每个乡都包含若干里，家是包在里中，人是包在家中。《老子》之学，以自然为本，所谓"自然"，即自然而然，事情是什么样就是什么样，我们应该自其然以知其然，按事物本来的面貌去对待事物。这段话不是推己及人,不是说用我的身观你的身,等等。身、家、乡可以有很多,但天下只有一个,不能分彼此。

"吾何以知天下之然哉?以此",即以天下的本来面貌认知天下。此所谓"知天下之然"者,就是"自然"的本义。

第五十五章（今本第五十五章）

含德之厚者，比于赤子。蜂虿虺蛇弗螫，攫鸟猛兽弗搏。骨弱筋柔而握固，未知牝牡之会而朘怒，精之至也。终日号而不嚘，和之至也。知和曰常，知常曰明，益生曰祥，心使气曰强。物壮即老，谓之不道，不道早已。

【大义】

《老子》论德，是以养生、护生为说。作者用赤子打比方，说最有德的人，就像刚生下来的小孩，生命力最旺盛。古人相信，命大的小孩，就连毒虫猛兽都无法伤害。他们骨弱筋柔，但小拳头（拇指握于四指内）却握得很紧；不知男女交合之事，小鸡鸡却会勃起。这是因为他们的精气太充足。他们整天扯着嗓子啼哭，也不会哭得上气不接下气。这是因为他们的呼吸太和谐。懂得和谐才叫正常，懂得正常才叫高明。相反，不循自然之理，人为拔高生存质量，叫反常；以意使气，叫逞强。所有事物，都是发展壮大就会走向衰落，这叫不符合道。不符合道的事都不会长久。（含德之厚，比于赤子）

【讨论】

此章有简本。

"赤子",刚生下来的小孩是粉红色。古人常以赤子比喻百姓。如《书·康诰》:"若保赤子,惟民其康乂。"孔颖达疏:"子生赤色,故言赤子。"马王堆帛书《十问》也用"赤子"作男阴的隐语。

"蜂虿虺蛇弗螫","蜂",是马蜂、蜜蜂一类昆虫;"虿"音chài,蝎子,字从万,万字的繁体本身,就是蝎子的象形,虿的本字就是万(繁体作萬);"虺"音huǐ,是小蛇或蜥蜴;"螫"音shì,是指毒虫刺咬。蜂虿以尾钩蜇人,虺蛇以毒牙咬人,这里一律叫"螫"。这句话,简本写法比较复杂,读法相当"虺虿虫蛇弗螫"。❶

"攫鸟猛兽弗搏","攫鸟",是以爪捕食的猛禽,如鹰雕之类;"猛兽",是虎豹一类动物;"搏",搏击,简本作"扣",也是击的意思。

"握固",小孩虽然骨弱筋柔,手很小,但以身体比例衡量,力气相当大,手握得相当紧。这个词,后来成为道教的术语,如《抱朴子·地真》有"握固守一"。古代行气书和房中书,也有这个词,是指控制呼吸和控制射精的技术。

"牝牡之会",指男女交媾。简本、今本均作"合"。性交,古人叫"合阴阳",马王堆帛书有《合阴阳》。

"朘怒",指小孩的生殖器经常会自动勃起。内蒙老乡,常用此物比喻一说就恼,动不动就跟别人起急的人,他们的说法是

❶ 李零《郭店楚简校读记》(增订本),7页。

"小孩的鸡巴——戏不得",这就是"朘怒"。"朘"音 zuī,傅本同,简本作"朘",河本、景福碑作"峻",王本作"全",《说文新附·肉部》有这个字,意思是"赤子阴"。马王堆帛书《十问》有"竣(朘)精"、"竣(朘)气"和"赤子",都指男性生殖器。字亦作"最"或"朘",又见马王堆帛书《养生方》和《五十二病方》。

"精之至也",指小孩的精气,也叫元阳。

"号而不嘎","号"音 háo,即号啕大哭的号,是扯着嗓子大哭;"嘎"音 yōu,《说文·口部》以为"气未定貌",《玉篇·口部》以为"气逆",这里指赤子哭起来,一直哭很长时间都不会上气不接下气。"嘎",简本作"忧",河本作"哑",王本作"嗄"(音 shà,是嘶哑之义),傅本作"嗷"。《庄子·庚桑楚》:"终日嗥而嗌不嗄",或即王本所据。但"嗄",从简本、帛书本看,应是"嘎"字之误。"哑"又从"嗄"误。

"和之至也",指小孩哭的时候,气很和谐,而不是说他(或她)的哭声很和谐。小孩哭起来,很远都能听到,是分贝很高的噪音,据说超过电风钻钻马路。

"益生曰祥",生不可益,亦不可损,当顺其自然。"益生",是人为拔高生,有如揠苗助长,欲益反损。"祥",是妖祥,古人所谓妖祥,是泛指一切反常怪异的现象,古人也叫灾异。

"心使气曰强",古代养生,很重视气,认为有气则生,无气则死。"心使气",以意使气,不循自然。不循自然,也会伤人。《老子》提到气,还有第10、42章。

"物壮即老,谓之不道,不道早已",小孩,生命力最旺盛,地震和空难的幸存者往往是小孩。他们的特点是不壮，一壮起来，就会衰老。老了，就会逼近死亡。"益生"就是求壮，求壮属于"不道"，"不道"就会早死。

以上，作者对小孩的生命力有生动描写，观察很细致。古代各国，埃及、以色列、罗马和中国，很多国家都有弃婴传说。周人的始祖弃，就是以此得名。我们老家给小孩起名叫"买成"，也是以买回弃婴为吉祥。《老子》赞美小孩，赞美妇女，道理很深刻。小孩，表面很柔弱，但生命力比大人强；女人，表面很柔弱，也比男人强。女人比男人活得长，更能适应恶劣环境。

第五十六章（今本第五十六章）

知者弗言，言者弗知。塞其兑，闭其门，和其光，同其尘，挫其锐，解其纷，是谓玄同。故不可得而亲，亦不可得而疏；不可得而利，亦不可得而害；不可得而贵，亦不可得而贱。故为天下贵。

【大义】

明白的不瞎说，瞎说的不明白。什么叫明白人？就是对外界无欲无求的人。他们绝智弃欲，闭目塞听，韬光养晦，宠辱不惊，毁誉置之度外，这叫"玄同"（浑然无别）。如果做到这一点，也就没法跟他讲什么亲疏、利害、贵贱。这样的人，才是天下最高贵的人。（*知者弗言，言者弗知*）

【讨论】

此章有简本。

"塞其兑，闭其门"，同样的话，也见于第52章。

"和其光，同其尘，挫其锐，解其纷"，同样的话，也见于第

4章。

"玄同","玄"是幽深,"同"是无别,这里是指浑然无别,看不出有什么差别。比如上文的"和其光,同其尘"等话,就是这个意思,下文的"不可得而亲,亦不可得而疏;不可得而利,亦不可得而害;不可得而贵,亦不可得而贱",也是讲这种浑然无别。孔子尚礼贵别,讲亲疏贵贱,墨子用"同"反对"别",讲兼爱尚同。老子也讲"同",但他所谓"玄同",不是上帝面前人人平等、法律面前人人平等,而是大道面前人人平等。

第五十七章（今本第五十七章）

以正治邦，以奇用兵，以无事取天下。吾何以知其然也哉？夫天下多忌讳，而民弥贫；民多利器，而邦家滋昏；人多智巧，而奇物滋起；法物滋彰，而盗贼多有。是以圣人之言曰：我无为而民自化，我好静而民自正，我无事而民自富；我欲不欲而民自朴。

【大义】

《老子》说，治国是靠"正"（正常手段），用兵是靠"奇"（反常手段），取天下是靠"无事"（不劳民伤财）。这里，它要强调的是第三句话。为什么它说取天下是靠"无事"呢？主要是因为统治者太多事，总是折腾老百姓。他们设下的禁令越多，老百姓越发生反叛（帛书本"而民弥贫"，简本作"而民弥叛"，这里按简本解释）；老百姓用的精巧器物越多，国家越陷于昏乱；人越追求奇技淫巧，奇货越多；稀缺物品越吸引人，盗贼也越多。所以圣人的说法是，我无所作为，老百姓就会驯服听话；我喜欢清净，老百姓就会规规矩矩；我不劳民伤财，老百姓就会脱贫致

富；我无欲无求，老百姓就会民风淳朴。(以无事取天下)

【讨论】

此章有简本。

"以正治邦，以奇用兵"，用正常的手段治国，用非常的手段用兵。这两句很有名。《汉书·艺文志·兵书略》解释权谋类，一开头就是这两句话。奇正是兵家的重要概念，参看《孙子·势》、银雀山汉简《奇正》。❶

❶ 李零《兵以诈立》，173—200页。

"以无事取天下"，是说不劳民才能取天下。参看第48章："取天下也，恒无事；及其有事也，不足以取天下。"在《老子》一书中，"无事"和"无为"还不一样。如第63章"为无为，事无事，味无味"，"无为"和"无事"同时出现，显然有别。区别在哪里，我们从文义看，似乎主要在于，"无为"是统治者自己无所作为，"无事"是不以事劳民、扰民，与民生息，令民自化。

"夫天下多忌讳"，指国家繁刑苛法，禁令很多。简本作"天多忌讳"，似遗"下"字。

"而民弥贫"，简本作"而民弥叛"，简文"叛"作"畔"，半在上而田在下，与贫字相近。叛是叛变，贫是贫穷，意思不一样。国家繁刑苛法，引起的应是叛乱，而非贫穷，"叛"字更合适。

"民多利器，而邦家滋昏"，"利器"，是很灵便、很有用的工具，不一定专指武器；"邦家"，就是后世的国家。"邦"作"国"，是避汉高祖刘邦讳改字。

"奇物"，是"奇货可居"的"奇货"，即《老子》常说的"难得之货"（第3、12、64章）。简本作"哦物"，马王堆帛书甲本作"何物"，乙本残缺，今本作"奇物"，"哦"与"何"都是从可得声，"奇"字也是从可得声，可以通假，这里读为奇。

"法物滋彰"，简本作"灋物滋彰"，景福碑作"法物滋彰"，并同帛书本，当是古本面貌。今本作"法令滋彰"，是针对繁刑苛法之弊而有意改读，来源也比较早，如《文子·道原》、《淮南子·道应》、《史记·酷吏列传》和《后汉书·东夷传》等都这样写。汉代批判秦代，就是批这一点。❶

"是以圣人之言曰"，《老子》书中的"圣人"都不详所指，这话的来源也不知道。

"我无事而民自富"，"无事"，同上。

"我欲不欲而民自朴"，我想要的是不想要的，人民就会淳朴。

【补记】

"夫天下多忌讳"，北大本无"下"字，同郭店本。❷

"法物"，是与礼仪活动有关的器物。马王堆帛书本《二三子问》："德义广大，灋物备具者，〔其唯〕圣人乎？"❸《后汉书·光武纪》有"法物备具"语，李贤注："法物，谓大驾、卤簿、仪式也。"❹

❶ 李零《郭店楚简校读记》（增订本），18—20页。

❷《北京大学藏西汉竹书》贰，132页。

❸ 张政烺《张政烺论易丛稿》，北京：中华书局，2010年，164页。

❹ 丁四新《郭店楚竹书〈老子〉校注》，武汉：武汉大学出版社，2010年。

第五十八章（今本第五十八章）

其政闷闷，其民惇惇；其政察察，其民狡狡。祸，福之所倚；福，祸之所伏。孰知其极？其无正也，正复为奇，善复为妖。人之迷也，其日固久矣。是以方而不割，廉而不刺，直而不肆，光而不耀。

【大义】

《老子》提倡糊涂政治，原因是，当时的社会，是非混乱，祸福无定。它说，当政者越糊涂，老百姓越老实；当政者越明白，老百姓越狡猾。祸总是挨着福，福总是埋着祸，谁知道结果会怎么样？如果没有"正"（正常），"正"会变成"奇"（反常），"善"（善良）会变成"妖"（邪恶）。世人困惑于此，日子已经很久了。当政者应该糊涂一点，讲究原则，却不生硬；铁面无私，却不伤人；正直坦荡，却不放肆；光明磊落，却不炫耀。

（祸福相随）

【讨论】

"其政闷闷，其民惇惇"，"闷闷"，见上第20章，和下文"察察"正好相反，是糊里糊涂、不明不白的意思。"惇惇"音 dūn dūn，是老实巴交、朴朴实实的意思。"闷闷"，帛书甲本残缺，乙本作"閔閔"，整理者读闵闵，高明读闷闷，[1]今本各本多作"闷闷"，唯傅本作"閔閔"，乃通假字，这里读闷闷。"惇惇"，帛书甲本残缺，乙本作"屯屯"，河本作"醇醇"，严本作"诸诸"，王本作"淳淳"，傅本作"偆偆"，皆通假字。这里读惇惇。

"其政察察，其民狯狯"，"察察"是清清楚楚、明明白白。"狯狯"，音 kuài kuài，是狡猾的意思，原作"夬夬"（音 guài guài），今本作"缺缺"，这里读为"狯狯"。

"其无正也，正复为奇，善复为妖"，正和奇相反，正是正常，奇是反常。奇音 jī，本指奇数。[2]妖，也是反常，与善相反。《左传》宣公十五年："天反时为灾，地反物为妖"，古人把植物、动物的反常现象都叫做妖。

"人之迷也，其日固久矣"，世人困惑于此，日子确实已经很久了。

"是以方而不割，廉而不刺，直而不肆，光而不耀"，第一句，今本作"是以圣人方而不割"，多出"圣人"。"方"是正方形，"廉"是方形的四边。它们都有棱有角，容易割伤人或刺伤人。尹湾汉墓出土的《博局占》木牍，它的博局图，一共有九个棋位，其中头两种就是"方"、"廉"。"刺"，河本作"害"，严本、王本、傅本作"刿"（音 guì）。作"害"，可能是沿上文

[1] 高书，108—109 页。

[2] 李零《兵以诈立》，173—200 页。

"割"字而误,不足据;作"刿",是换用方言字。《方言》卷三:"凡草木刺人……自关而东,或谓之梗,或谓之刿,自关而西谓之刺……"《韩非子·解老》、《淮南子·道应》已作"廉而不刿"。"直而不肆","直"与曲相反,是正直的意思;"肆"是放肆。《论语·阳货》17.16"古之狂也肆","肆"是狂放。"光而不耀",是光明但不刺眼。

第五十九章（今本第五十九章）

治人事天莫若啬，夫唯啬，是以早服，早服谓之重积德。重积德则无不克，无不克则莫知其极。莫知其极，可以有国。有国之母，可以长久。是谓深根固柢、长生久视之道也。

【大义】

《老子》贵"啬"。它说，治理人民，祭祀天地，没有什么东西比"啬"更重要。"啬"是爱惜之义。不浪费金钱，不浪费精力，不浪费时间，就是"啬"。只有懂得啬，才能早得道，多积德，事无不成，享国长久。这是所谓"深根固柢、长生久视之道"。（贵啬）

【讨论】

此章有简本。

"治人事天莫若啬"，"治人"是治理人民，"事天"是祭祀天地鬼神，"啬"是爱惜的意思。古人常说"爱啬"，就是这个意思。如《后汉书·方术列传》说，甘始、东郭延年、封君达，"率能行容成御妇人术，或饮小便，或自倒悬，爱啬精气，不极视大言"，就是这种用法。古代房中术的"十动不泻"说，就是体现"啬"。美国学者马克梦讲明代色情小说，他使用"吝啬鬼"的概念，就是受此启发。❶

"是以早服"，"是以早"三字，简本重复书写，不用重文号，是衍文。"早服"是早从道。

"有国"，注意，这里不说"有邦"。"国"是国都，有国则有邦，但国不等于邦。邦是国家，在古语中，同国的含义仍有区别。汉代避汉高祖讳，改邦为国，这两个字的含义才被混淆。

"有国之母"，有国之道。

"深根固柢"，根柢扎得很深很牢。

"长生久视"，指活得很长，在位时间很长。

❶ 参看：Keith McMahon, *Misers*, *Shrews*, *and Polygamists*, Durham & London：Duke University Press, 1995。中文本：马克梦《吝啬鬼、泼妇、一夫多妻者》，王维东、杨彩霞译，戴联斌校，北京：东方出版社，2001年。

第六十章（今本第六十章）

治大邦若烹小鲜。以道莅天下，其鬼不神。非其鬼不神也，其神不伤人也。非其神不伤人也，圣人亦弗伤也。夫两不相伤，故德交归焉。

【大义】

《老子》用煮小鱼比喻治大国。煮小鱼，大火，勤翻勤搅，就把鱼搅烂了，这是不知顺其自然。它说，以道治天下，要想不伤人，也要顺其自然。那样，鬼也好，圣人也好，就都不会伤人了。他们都不伤人，就两全其美了。（治大国如煮小鱼）

【讨论】

"治大邦若烹小鲜"，"烹"，是用镬（专门烹牲的大鼎）煮肉（煮是用水煮）。古代烹调术语有很多种，含义不同。如蒸是用甗蒸，蒸的是稻粱类的谷物；炒、煎、熬是用油，以火焙干。炙、烤、炮，是直接放在火上烤。这里不是蒸，不是煎炒，也不是烤。"小鲜"，是小生鱼。古人对肉食，分类很细，他们是以生鱼为鲜，生肉为腥，切片的生鱼或生肉为脍，干肉为薧（或槀），活物为牲牢。这里是以烹调为喻。作者说，治大国是烹调艺术，就像煮小鱼，很容易煮烂，火候很重要，而且千万不能搅。古代内臣，做饭的大师傅很重要，商周时期叫宰或膳夫，后世所谓宰臣，就是起源于这种大师傅。战国时期流行一种传说，"伊尹以割烹要汤"（《孟子·万章上》），就是反映这种理解。"大邦"，甲本缺，乙本、今本避汉高祖讳作"大国"，观下第61章的"大邦"、"小邦"，第67章的"小邦"，可知甲本此处一定是作"大邦"。

"以道莅天下"，以道临天下。

"其鬼不神"，犹言其鬼不灵。

"非其神不伤人也"，注意，这里的"不伤"，后面有"人"字。

"圣人亦弗伤也"，今本作"圣人亦不伤人"，这里的"圣人"，应指统治者。注意，这里的"弗伤"，后面没有"人"字。

"夫两不相伤"，指鬼不伤人，圣人也不伤人。

"故德交归焉"，鬼不伤人，圣人也不伤人，两种德都归于人。

第六十一章（今本第六十一章）

大邦者，下流也，天下之牝。天下之交也，牝恒以静胜牡。为其静也，故宜为下。大邦以下小邦，则取小邦；小邦以下大邦，则取于大邦。故或下以取，或下而取。故大邦者，不过欲兼畜人，小邦者，不过欲入事人。夫皆得其欲，大者宜为下。

【大义】

大国，一般很牛，但《老子》却说，大国应甘居下游，当"天下之牝"。

它以男女交合为喻，讲大国和小国的关系。女性总是以静制动，比男性厉害。女人一动不动，等着男人上身，所以总是躺在下边。躺在下边的可以"吞并"上边。大国和小国的关系，也是这样。大国纡尊降贵，可以吞并小国；小国居高临下，反被大国吞并。一方是以下取人，一方是以下被人取。大国想的是吞并小国，小国想的是臣服大国。双方各得其所，大国应该居下。（**大国才该居下游**）

【讨论】

此章是用交媾比喻大国和小国的关系。

"大邦者,下流也,天下之牝。天下之交也,牝恒以静胜牡","大邦"、"小邦",甲本如此,乙本、今本避汉高祖讳作"大国"、"小国"。"下流",水之下游,流同游。"牝",是以女性生殖器代指女性。动物辨雌雄,主要就是看生殖器。"交",这里指交媾。《老子》原文是以男女交媾为喻,意思很明显,但后人不敢朝这儿想,干脆把原文改了,成了"大国者下流,天下之交。天下之牝,牝常以静胜牡"。"天下之牝"与"天下之交"换位,怎么读得通?帛书本让我们看到了古本真相,我们才知道,话不是这么讲,"天下之交"是讲性交。❶

"牝恒以静胜牡","牡"指男性。中国古代房中书,一向认为女的比男的厉害,善于以静制动,柔弱胜刚强,男的一定要学会如何控制自己,千万别让女的把自己伤了。如"阳生立于寅,纯木之精。阴生立于申,纯金之精。夫以木投金,无往不伤。故阴能溲阳也。阴人著脂粉者,法金之白也。是以真人道士莫不留心驻意,精其微妙,审其盛衰。我行青龙,彼行白虎;彼前朱雀,我后玄武,不死之道也。又阴人之情也有急于阳,然能外自强抑不肯请阳者,明金不为木屈也。阳性气刚躁,志节疏略,至于游晏,则声气和柔,言辞卑下,明木之畏金也"(《天门子经》佚文);"弱能制强,阴能弊阳,常若临深履危,御奔乘驾,长生之道也"(《绝洞子》佚文);❷"御女当如朽索御奔马,如临深坑下有刃,恐堕其中"(《洞玄子》佚文)。"恒",今本作"常"。

❶ 郑良树说:"此节上下文既以牝母为主题,窃疑'交'当解作阴阳交媾、男女交合,方合本义。此谓天下阴阳之大交媾也,牝母屡以静制胜雄牡,盖牝母能静也;故大国当取法于此,以静以谦为宜也。"参看他的《老子新校》,267—268页。

❷ 东汉龙虎镜,以龙虎交媾为主题,青龙有拟人的男性生殖器,龙虎之下有象征长寿的丈人或神龟,就是反映这种思想。《黄书》佚文(东晋道安《二教论》、唐法琳《辨正论》引)有"开命门、抱真人,婴儿回,龙虎戏"的说法,正可印证这一点。

"为其静也，故宜为下"，交媾有各种姿势，性学家叫体位。动物只会后入位。人不一样，主要有三种体位：男上位、女上位、后入位，明清小说，叫"顺水推舟"、"倒浇蜡烛"和"隔山取火"。这里是以男上位、女下位为说，强调大国要取女下位，让小国在上，扮演男上位。《老子》强调"为雌"、"守雌"（第10、28章），这就是"为雌"、"守雌"。

"大邦以下小邦，则取小邦；小邦以下大邦，则取于大邦"，"取"，据严本注文，是"吞"的意思。大国居小国之下，可吞并小国；小国居大国之下，反被大国吞并，就像女下位，以下吞上。

"故或下以取，或下而取"，而、以互通，古书常见，但这里有别，"下以取"是主动吞并，"下而取"是被人吞并。

"故大邦者，不过欲兼畜人，小邦者，不过欲入事人"，大国居下，不过是为了吞并和控制小国；小国居下，不过是为了臣服于大国。"兼"，乙本作"并"，意思一样。

"夫皆得其欲，大者宜为下"，意思是，大国和小国，各得其所，但大国最好还是居于下位。

第六十二章（今本第六十二章）

　　道者，万物之主也，善人之宝也，不善人之所保也。美言可以市，尊行可以加人。人之不善也，何弃之有？故立天子，置三卿，虽有拱之璧以先驷马，不（善）〔若〕坐而进此。古之所以贵此者何也？不谓求以得，有罪以免与，故为天下贵。

【大义】
　　道是万物之主，"善人"拿它当宝贝，"不善人"也想拥有它。嘉言可卖钱，懿行可送人。道也是送人的好礼物。人虽"不善"，何必抛弃，他们也照样需要道。天子即位，设立三卿，送什么东西作贡物？答案是，与其献拱璧、驷马，不如献道。古人贵道为什么？不就是为了有求必应、免除罪过吗，所以大家都看重道。（道是最好的礼物）

【讨论】
　　"道者，万物之主也"，道是万物的源泉，也是万物的主宰。

"主",今本作"奥"。奥字的本义是屋子的西南角,古代宫室以奥为尊,故转义为主。如《论语·八佾》3.13"与其媚于奥,宁媚于灶",就是以屋室之奥比喻君主。

"善人之宝也,不善人之所保也","善人"、"不善人",可以有两种理解,一种是道德高下,一种是智力高下。道是善人的宝贝,但不善人也同样需要它。"宝"与"保",帛书本都写成"葆",汉代多用葆为宝,今本上作"宝",下作"保"。这两个字,古相通,两周金文的"子子孙孙永宝用","宝用"即"保用"。这里的读法是按今本。"善人"又见第8、27、81章,"不善人"又见第27章。

"美言可以市,尊行可以加人"。"美言"、"尊行",即所谓嘉言懿行,这些东西,都像宝物一样,可以出售,可以送人。

"人之不善也,何弃之有",意思是,人虽不善,何必抛弃。"人之不善也",就是上文的"不善人"。参看第27章:"是以圣人恒善救人,而无弃人,物无弃材,是谓袭明。故善人,善人之师;不善人,善人之资也。"

"故立天子,置三卿",三卿,指执政大臣,如司徒、司马、司空。"三卿",今本作"三公"。

"虽有拱之璧以先驷马",这里是讲两种礼物,一种是"有拱之璧",即用两手捧持的大璧,送之在先;一种是驾车的四马,随之在后。先送璧,后送马。这两种都是重礼。古代送礼,主要是四样:玉、马、皮、帛,通称曰币。这里是前两种。"虽有拱之璧",是"虽/有拱之璧",今本作"虽有拱璧",少了一个"之"字,就变成了"虽有/拱璧",意思不一样。

"不若坐而进此",与其送璧送马,不如跪而献道。

"古之所以贵此者何也,不谓求以得,有罪以免与,故为天下贵",古人贵道,是为了有求必应、免除罪过。这话有点宗教味道。天师道就有释罪之说。"不谓",今本作"不曰"。

第六十三章（今本第六十三章）

为无为，事无事，味无味。大小多少，报怨以德。图难乎其易也，为大乎其细也。天下之难作于易；天下之大作于细。是以圣人终不为大，故能成其大。夫轻诺必寡信，多易必多难，是以圣人犹难之，故终于无难。

【大义】

这也是属于"正言若反"（第80章）。作者强调的是，事物的两个方面，最好是站在一般人以为不好的一面。比如，大和小，他挑小；难和易，他挑易。他说，天下的难都是起于易，大都是起于小。圣人都是以小为大，以易为难，所以能成其大，免于难。

《老子》的辩证法，特点就是反"常识"。一般人都是"以德报德，以怨报怨"，但他却讲"以德报怨"。（以德报怨）

【讨论】

此章有简本，是摘取开头三句和最后三句。中间只有"大小之"三字，显然漏抄了下面的话："多少，报怨以德。图难乎其易也，为大乎其细也。天下之难作于易；天下之大作于细。是以圣人终不为大，故能成其大。夫轻诺必寡信。"

"为无为，事无事，味无味"，自己要做，只做无所作为的事；劳民去做，只做不劳民伤财的事；品尝食物，只尝没有味道的东西。这里，"为"是自作为，"事"是劳人为。参看第48章："为学者日益，闻道者日损，损之又损，以至于无为。无为无不为。取天下也，恒无事；及其有事也，不足以取天下。"

"大小多少"，一种理解是，连下文读，无论对方的怨是大是小，是多是少，都要以德报怨；另一种理解是，把小的当成大的，少的当作多的，即下文"为大乎其细也"。

"报怨以德"，涉及孔老异同，很重要。有人问孔子，"以德报怨，何如？"孔子说，"何以报德？以直（值）报怨，以德报德"（《论语·宪问》14.34），即如果以德报怨，那德该用什么报？答案是，还是以与怨对等的东西来报怨，以德报德吧。孔子的回答很巧妙，他是玩文字游戏，用音训的方法做解释。我们要知道，"德"字是从直得声，直可用为值，有对等相当的意思。他是把对方说的"以德报怨"故意读成"以直报怨"，意思是用和怨一样的东西来报怨。其实也就是以怨报怨，以德报德。以德报德，以怨报怨，就是孔子说的恕道。恕是什么意思？是宽恕吗？不是。今语宽恕，其义主于宽，古语不一样，宽是宽，恕是恕。恕是什么意思？古人拆字为解，有如心之训，意思是将心比心。我把我的好恶强加于你，当然不行；你把你的好恶强加于我，也同样不行。恕道，讲的是对等。这是孔子的思想。老子不一样，他贵柔贵弱贵下，处处讲的是不对等。他们俩的说法，谁先谁后，谁回应谁，历来有争论，很多人都以为老子年纪大，肯定是孔子回应老子。我不这么看。因为老子更老，不等于《老子》更早。这里有三种可能，一种是《论语》回应《老子》，一种是《老子》回应《论语》，一种是谁也不回应谁，只是凑巧撞在一起。我的看法是，《老子》除这两句，还有不少批评孔子和儒家的话，相反，《论语》除了这两句，一点迹象都没有。谁先谁后，实在很清楚，驳人的人肯定要后于被驳的人。

"图难乎其易也，为大乎其细也"，谋难事，要从容易的事入手；做大事，要从细小的事入手。

"是以圣人犹难之，故终于无难"，圣人以易为难，所以到头来没有什么难。

第六十四章（今本第六十四章）

其安也，易持也。其未兆也，易谋也。其脆也，易判也。其微也，易散也。为之于其未有也，治之于其未乱也。合抱之木，生于毫末；九层之台，作于累土；百仞之高，始于足下。为之者败之，执之者失之。是以圣人无为也，故无败也；无执也，故无失也。民之从事也，恒于几成而败之。故慎终若始，则无败事矣。是以圣人欲不欲，不贵难得之货；学不学，而复众人之所过，能辅万物之自然，而弗敢为。

【大义】

《老子》认为，事情的发展都是从小到大，大树都是从小苗往起长，高楼都是从平地往起盖。事情的两头，一头一尾最重要。事情还没开始，乱子还未发生，最容易对付，聪明人应动手于开始，防患于未然。已经开始，已经发生，就比较麻烦，越管越管不了，越保越保不住，趁早别折腾。圣人的态度是，爱咋咋，不管也不保。这是开头。事情临近结束，往往功败垂成，折腾半天又放弃，也太可惜，一定要小心对待，就像开头一样。所以圣人要的都是没人要的东西，什么稀罕玩意儿都不当回事。学的都是用不着学的本事，瞅着别人干过梭儿了，就往回拧。总之一句话，甭管处理什么事，都得顺应自然，无所作为。（**慎终若始**）

【讨论】

此章，简本是分为两章，"其安也"至"始于足下"是一章，"为之者败之"至"而弗敢为"是另一章。后者，又重见于甲组和丙组。

"其安也，易持也"，稳定的东西，容易抓得住。

"其未兆也，易谋也"，事情没开始，容易谋划。

"其脆也，易判也"，脆弱的东西，易于破裂。"判"，是剖分、破裂之义，简本、傅本作"判"，王本作"泮"，河本、严本作"破"，这三种写法，是通假关系，作"判"最好。

"其微也，易散也"，细碎的东西，容易分散。

"为之于其未有也，治之于其未乱也"，没有，才要做出来；乱了，才要加以治理。

"合抱之木，生于毫末"，合抱的大树，都是从幼苗长成。

"九层之台，作于累土"，九层的高台，都是从平地一层一层用土堆起来的。"层"，甲本缺，简本、乙本、傅本作"成"，河本、王本作"层"，两种写法，是通假关系，这里应以作"层"为是。"作"，简本作"甲"，从楚文字的写法看，当是"乍"字之误，读作。

"百仞之高，始于足下"，这是讲爬山。《礼记·中庸》："辟如登高，必自卑。"就是这个意思。"仞"是一人之高，简本作"仁"，乙本作"千"，都是"仞"的通假字。今本此句作"千里之行"，把爬山改成走路，意思完全变味。

"民之从事也，恒于几成而败之"，老百姓做事，总是功败垂成。"几成"，是接近成功。

"故慎终若始，则无败事矣"，对待接近成功的事，要像刚开始动手一样。

"是以圣人欲不欲，不贵难得之货"，所以圣人追求的只是无所追求，并不看重难得的财物。

"学不学，而复众人之所过，能辅万物之自然，而弗敢为"，所以圣人学习的只是什么都不学，只把大家过分的地方找补回来，能顺应万物的规律，帮助它们发展，而绝不敢人为干预。"复"是返的意思。第25章："大曰逝，逝曰远，远曰返。"过则返，是《老子》强调的思想。"学不学"，简本甲组作"教不教"，丙组作"学不学"，帛书二本均作"学不学"，今本也作"学不学"，这里作"学不学"。

第六十五章（今本第六十五章）

　　故曰：为道者，非以明民也，将以愚之也。民之难治也，以其智也。故以智治邦，邦之贼也；以不智治邦，国之德也。恒知此两者，亦稽式也。恒知稽式，此谓玄德。玄德深矣远矣，与物反矣，乃至大顺。

【大义】

　　古昔贤哲，都主张愚民，令人遗憾，不能不批判。《老子》也主张愚民。它说，统治者以道治国，不是为了让老百姓明白，而是让他们糊涂。老百姓难治，主要麻烦，就是他们还有头脑，太有头脑。以智治国，对国家是大害，以不智治国，对国家才是大利。统治者只有明白这两条，才有标准可依。有标准可依，才叫达到"玄德"。"玄德"的道理又深又远，道理反着讲，才叫大顺。（愚民）

【讨论】

　　"故曰"，似是承接上一章。

"为道者,非以明民也,将以愚之也","为道"是推行道。这里是说,推行道,不是用道开启民智,而是用来愚民。"为道者",今本作"善为道者"。

"民之难治也,以其智也",甲本缺"治也,以其"四字,这里据乙本补足。"智",河本、王本作"智多",傅本作"多知"。《老子》反对智,不是说智多了不好,少了就好,而是说智这个东西,本身就不好,"多"字是多余的字。

"故以智治邦,邦之贼也;以不智治邦,国之德也",故以智慧治国,是害国家,这样的人,是加害国家的凶手;以糊涂治国,是利国家,这样的人,是有德于国家的恩人。"贼"是伤害之义,作为法律术语,杀人伤人才叫"贼",它是很大的伤害,不是一般的伤害。

"恒知此两者,亦稽式也",如果彻底明白这两句话,也就找到了可以遵循的原则。"稽式",河本误作"楷式",楷是形近致误。"稽"有考核之义,"式"有样式之义。

"恒知稽式,此谓玄德","玄德",见上第 10 章和第 51 章。"稽式",王本、傅本作"稽式",河本、严本作"楷式",稽与楷,古音相近,字形也相近,可能是误写。

"玄德深矣远矣,与物反矣,乃至大顺","玄德"的"玄"本身就有深远之义。这里是说,玄德深远,物极必反,远了就会反,又转回来,转回来才有大顺和圆满。第 25 章"大曰逝,逝曰远,远曰返",就是这个意思。

《老子》和《论语》不一样,《论语》里面有 156 个人,《老子》没有具体的人。这书有哲学味道,读它,如入无人之境。谁说话,不知道;谁听话,也不知道。我们要分析,他的药方都是开给谁的。比如《老子》提倡糊涂。他是提倡统治者糊涂呢,还是提倡老百姓糊涂,或两者都糊涂。

我看,老百姓糊涂,那是真糊涂;统治者糊涂,是以糊涂为工具,愚弄老百姓。"与民同愚",全是假象。他们,大事糊涂、小事明白,一阵儿糊涂,一阵儿明白,揣着明白装糊涂,其实是真明白。《老子》说,这叫"玄德"。俗话说,刘备摔孩子——假仁假义。《三国演义》中的刘玄德,特会玩这一套。

关于愚民,鲁迅讲得很好,可参看。[1]

---

[1] 鲁迅《春末闲谈》,收入《鲁迅全集》,第1卷,北京:人民文学出版社,1956年,304—305页。

第六十六章（今本第六十六章）

江海之所以能为百谷王者，以其善下之，是以能为百谷王。是以圣人之欲上民也，必以其言下之；其欲先民也，必以其身后之。故居前而民弗害也，居上而民弗重也。天下乐推而弗厌也。非以其无争与，故天下莫能与争。

【大义】

江海在百谷的下游，纳百川之水而成其大。圣人明此，不以下为耻。他很清楚，你要在老百姓之上统治他们，就得懂得谦虚，放下架子，跟他们讲客气话；你要在老百姓前边领导他们，就得懂得退让，不与老百姓争利。这样，老百姓才不会觉得，你在前边是威胁，你在上面是负担，天下之人，谁都乐于拥戴你，而绝不抛弃你。这不是因为没人与之争，而是因为没人可以与之争。（善为民下）

【讨论】

"江海之所以能为百谷王者，以其善下之，是以能为百谷王"，百谷在上游，江海在下游。江海不释细流，纳百川之水，因而成其大。《说苑·敬慎》引《金人铭》有"夫江河长百谷

❶ 郑良树《〈金人铭〉与〈老子〉》，收入他的《诸子著作年代考》，12—20页。

者，以其卑下也"等语（又见《孔子家语·观周》），或即所本。❶《淮南子·说山》"江海所以能长百谷者，能下之也。夫惟能下之，故能为百谷王"，也和《金人铭》相似。

"是以圣人之欲上民也，必以其言下之；其欲先民也，必以其身后之"，意思是，位居人民之上，先要言辞卑下；位居人民之前，先要表示退让。参看第7章："是以圣人退其身而身先，外其身而身存。不以其无私欤，故能成其私？"又第69章："我恒有三宝，持而宝之：一曰慈，二曰俭，三曰不敢为天下先。夫慈，故能勇；俭，故能广；不敢为天下先，故能为成事长。今舍其慈且勇，舍其俭且广，舍其后且先，则必死矣。"这几句，简本作"圣人之在民前也，以身后之；其在民上也，以言下之"，顺序和字句都不太一样；今本作"是以圣人欲上民，必以其言下之；欲先民，必以其身后之"，和帛书本比较接近。《说苑·敬慎》引《金人铭》有"君子知天下之不可盖也，故后之下之，使人慕之"等语（又见《孔子家语·观周》），❷与此相近。

❷ 同上。

"故居前而民弗害也，居上而民弗重也"，"弗害"是不以居前为害，"弗重"是不以在上为重。"重"是负担重的意思。"重"，简本作"厚"，楚简的重字往往上从石，下从主，和厚字的写法非常接近。"弗"字，今本作"不"，下同。

"天下乐推而弗厌也"，"推"是推举拥戴，"厌"是厌弃。

"非以其无争与，故天下莫能与争"，意思是，并非因为没人与他争，其实是天下没人能够与他争。第一句，乙本作"不以其无争与"，今本作"以其不争"。甲本、乙本都有否定词，今本没有，意思发生变化，成了因为与人无争，所以天下没人与之争。❸

❸ 参看高书，149页。

下篇　德经第六十六章　205

第六十七章（今本第八十章）

　　小邦寡民，使有什百人之器而毋用，使民重死而远徙。有舟车，无所乘之；有甲兵，无所陈之。使民复结绳而用之。甘其食，美其服，乐其俗，安其居，邻邦相望，鸡狗之声相闻，民至老死，不相往来。

【大义】

《老子》的理想世界是小国寡民。这种国家，虽有舟车，虽有武器，凡是十人或百人以上使用的复杂器物，全都没有人用。大家都回到结绳记事的原始时代，用不着这些东西。它的百姓，吃得好，穿得好，生活安定，自得其乐。他们住在自己家，日子过得好好的，谁都不想打仗，也不肯出远门。邻国和邻国，离得很近，鸡鸣狗叫都听得到，却一辈子都不肯往来。（小国寡民）

【讨论】

"小邦寡民"，是《老子》描述的理想国。"小邦"，乙本、今本避汉高祖讳作"国"，甲本不避。古人的理想国，都是与现实拧着来。现实世界，大家都想当大国，过奢侈生活，处于商业和文化的中心。但理想国，一般都是小国，越原始越有味。这种小国，多半是出于反文明的幻想，但也有一点原型。春秋有十二诸侯，战国有七大强国，都是大国，但小国还是有一点，比如山东，就是个古国博物馆。古人也有人类学知识，当时的蛮夷传和番国志，有很多海外奇谈，什么女儿国、君子国，都在海外。大家要找原始的东西，不容易，就像找纯种猪，只有到与世隔绝大山里面的小村子才找得到。

"什百人之器"，迄无确诂。一般认为，"什百"是个表示数量的词，"什"是10，"百"是100。我怀疑，这个词是指十人以上或百人以上使用的器物，技术含量较高，性能比较复杂，比如下文的"舟车"和"甲兵"就是这类器物。这类器物，有别于个人使用的器物。个人使用的器物，如锅碗瓢盆，或者农具，一般比较简单。有人说，"什百"是军队编制，没错。古代军队编制，基础是伍、什、两、队、卒，伍是5人，什是10人，两是25人，队是50人，卒是100人。但与之相应的居民组织也可以是这样。❶ "什百人"不一定指军队，也可以指居民组织，或以十以百进位的其他东西。"什百人之器"，不一定像俞樾所说，专指武器。❷ "什"，原作"十"。"毋"，乙本作"勿"，今本作"无"。

"使民重死而远徙"，"重死"，是珍惜生命，不肯轻生；"远徙"，是不肯出门，到外面旅行。"远"是动词，与"重"对应，不是形容词。"远徙"不是长途旅行，出远门，而是疏于"徙"，远于"徙"，不肯出门旅行。"远徙"，今本作"不远徙"，是因为误解"远徙"为出远门，所以加了"不"字。❸

❶ 李零《中国古代居民组织的两大类型及其不同来源》，收入《李零自选集》，桂林：广西师大出版社，1998年，148—168页。

❷ 高书，150—152页。

❸ 高书，152—153页。

下篇　德经第六十七章　207

"有舟车，无所乘之"，舟车是供人乘坐的交通工具。小国之民"远徙"，不肯出门，虽有舟车，无所用之。

"有甲兵，无所陈之"，甲兵是用于营兵布阵。"陈"即列阵，古文字原来没有阵字，都是假陈为阵。小国之民"重死"，不肯打仗卖命，虽有甲兵，无所用之。

"使民复结绳而用之"，相传上古之民结绳而记事。《易·系辞下》："上古结绳而治，后世圣人易之以书契，百官以治，万民以察。"它所谓的圣人，传说是仓颉。

"乐其俗，安其居"，乐其风俗，安其居处。严本同此。河本、王本作"安其居，乐其俗"，傅本作"安其俗，乐其业"。

"鸡狗之声相闻"，"狗"，甲本、河本、严本作"狗"，乙本、傅本、王本作"犬"。狗和犬是一类动物，两个词经常混用，但古书的用法，还是略有区别。归纳古书的描述，它们的区别主要是两点。第一，犬是犬类动物的通称，狗只是犬类动物的一种。第二，犬多指猎犬类的大型犬，狗多指体型较小的狗，特别是普通人养的看家狗。许慎把犬定义为"有县（悬）蹄"的狗，把狗定义为喜欢汪汪叫，看家护院的狗。❶王世襄说，18个脚趾的是狗，20个脚趾的是犬，犬的后腿比狗多出两个不着地的脚趾，即养犬行家所谓的"撩儿"。这两个"撩儿"就是许慎说的"县（悬）蹄"。❷古书引文，《庄子·胠箧》、《文子·自然》作"鸡狗之音相闻"，《史记·货殖列传》作"鸡狗之声相闻"，都是作"狗"。"狗"是看家狗，这里是讲普通人家的看家狗，作"狗"比作"犬"好。

❶《说文解字·犬部》："犬，狗之有县（悬）蹄者也，象形。孔子曰：视犬之字如画狗也。凡犬之属皆从犬。""狗，孔子曰：狗，叩也。叩气吠以守。从犬句声。"

❷ 王世襄《锦灰堆》，北京：三联书店，1999年，贰卷，642页。

第六十八章（今本第八十一章）

信言不美，美言不信。知（智）者不博，博者不知。善者不多，多者不善。圣人无积，既以为人，己愈有，既以予人，己愈多。故天之道，利而不害；人之道，为而弗争。

【大义】

前面六句话，作者的态度很明确，可信和可爱，他挑可信；颖悟和渊博，他挑颖悟；质量和数量，他挑质量。他说，圣人不守财，越给别人，自己越富有。天之道，是只利人，不害人；人之道，是走自己的路，不与人争。（*利而不害，为而弗争*）

【讨论】

"信言不美，美言不信"，王国维有一句名言："哲学上之说，大都可爱者不可信，可信者不可爱。"❶

"知（智）者不博，博者不知"，"知"应读为智。老子反对智。这里的"知（智）"，应是悟性高的意思。

"善者不多，多者不善"，河本、严本、王本作"善者不辩，

---

❶ 王国维《自序二》，收入《静安文集续编》，21页正—22页背，《王国维遗书》，上海：上海古籍书店，1983年。

辩者不善"，傅本作"善言不辩，辩言不善"，似乎是把"多"字理解为多言善辩。

"圣人无积，既以为人，己愈有，既以予人，己愈多"，圣人不积攒东西，他越是帮助别人，自己越富；越是给予别人，自己越多。古人有利己、利他之辩，如同今日。杨、墨之别在于此。《老子》"贵身"（如第13、44章）似杨，而"为人"、"予人"似墨，他是折衷二者，从自己出发又回到自己，说是毫不利己、专门利人，但结果怎么样？"己愈有"、"己愈多"，最后，还是归本于己。"无积"，甲本、傅本作"无积"，河本、王本作"不积"。

"故天之道，利而不害；人之道，为而弗争"，天道是只利人，不害人；人道是只帮助人，而不与人争。"人之道"，今本作"圣人之道"。

第六十九章（今本第六十七章）

天下皆谓我大，大而不肖。夫唯不肖，故能大；若肖，久矣其细也夫。我恒有三宝，持而宝之：一曰慈，二曰俭，三曰不敢为天下先。夫慈，故能勇；俭，故能广；不敢为天下先，故能为成事长。今舍其慈且勇，舍其俭且广，舍其后且先，则必死矣。夫慈，以战则胜，以守则固。天将建之，如以慈垣之。

【大义】

此章是论兵。作者说，大象无形，什么都不像。不像，才能大；像，时间长了，就会变成小东西。用兵有三宝，一是"慈"，二是"俭"，三是"不为天下先"。有"慈"（仁慈）才有"勇"（勇敢）；有"俭"（节制）才有"广"（扩张）；"不敢为天下先"（后发制人），才能领先于所有成功者。如果没有"慈"，却想"勇"；没有"俭"，却想"广"；没有"后"，却想"先"，那是找死。只有仁慈之师，才能战必胜，守必固。老天要想成全谁，就会用仁慈保卫他。（以慈为城）

【讨论】

"天下皆谓我大，大而不肖"，道是抽象，抽掉了万物的象。它的特点是大，什么东西都可包容，但它本身，什么都不是，什么也不像。"不肖"是不像。

"若肖，久矣其细也夫"，意思是，如果它像某个具体的东西，时间长了，就会变成某种细小的东西。"细"是对"大"而言，严本作"小"，意思相同。

"我恒有三宝，持而宝之"，上"宝"是珍贵之物，名词；下"宝"是保有之义，动词。

"一曰慈，二曰俭，三曰不敢为天下先"，"慈"是仁慈，"俭"是节约，"不敢为天下先"是不敢先下手。古人说，"先人有夺人之心，后人有待其衰"（《左传》文公七年、宣公十二年和昭公二十一年引《军志》），"凡先处战地而待敌者佚，后处战地而趋战者劳"（《孙子·虚实》），《吕氏春秋·不二》说，"王廖贵先，兒良贵后"。自古兵家有贵先、贵后两派。俗话说，先下手者为强，后下手者遭殃。《老子》贵后。毛泽东说过，"我们要站在自卫的立场反击国民党的进攻，一个是自卫，一个是反击……我们的方针：第一条，就是老子的哲学，叫做'不为天下先'。就是说，我们不打第一枪。第二条，就是《左传》上讲的'退避三舍'……第三条，是《礼记》上讲的'礼尚往来'。来而不往非礼也，往而不来亦非礼也，就是说'人不犯我，我不犯人；人若犯我，我必犯人'。"❶他这段话，后来也被用于中印边界和中越边界的"自卫反击战"，话的顺序变了，第二条和第三条反过来，第一是

❶ 毛泽东《在中国共产党第七次全国代表大会上的口头政治报告》（1945年4月24日），《毛泽东文集》第三卷，北京：人民出版社，1996年，325—326页。

不打第一枪，第二是你若打我，我就还击，第三条是打过有争议的地区，再撤回来。

"夫慈，故能勇"，勇是出于慈爱。

"俭，故能广"，点滴节约，故能增广。

"不敢为天下先，故能为成事长"，不为天下先，故能坐观其成，收全局之利。

"今舍其慈且勇，舍其俭且广，舍其后且先，则必死矣"，意思是去此三条，则必死无疑。"则必死矣"，帛书甲本如此，乙本无"必"，河本、严本、王本也无"必"字，差别不大，傅本"是谓入死门"，差别较大。

"夫慈，以战则胜，以守则固"，三条当中，慈是第一条。慈是爱惜生命，知道打仗是人命关天。"以战则胜"，各本如此，唯傅本作"以陈则正"。

"天将建之，如以慈垣之"，是说，老天要成就谁，就会以慈爱为城垣，以战则胜，以守则固。"建"，今本作"救"。"垣"，今本作"卫"，卫与回为通假字，或由亘讹回，又读为卫，或以含义相近而换字。

第七十章（今本第六十八章）

善为士者不武，善战者不怒，善胜敌者弗与，善用人者为之下。是谓不争之德，是谓用人，是谓配天，古之极也。

【大义】

此章也是论兵。作者说，好的武士会量力而行，不滥用武力；善战的人会控制情绪，不逞一时之愤；善于取胜的人不与敌交手，也能战胜敌人；善于用人的人总是礼贤下士，而人乐为之用。这些武德，都是不争之德。有这种德行，才算懂得用人，才算懂得配天，古代最高明的人，也不过如此。（**不争之德**）

【讨论】

"善为士者不武"，这里的"士"是武士。古代的士本来是武士，庙堂之上，是谦谦君子；战阵之间，是赳赳武夫。武士变文士，是孔子死后的一种变化。顾颉刚先生曾讨论过这个问题，可参看。❶ "不武"，武，从戈从止，像一件戈和一只脚（止即趾的本字），可能是指荷戈的步兵，古人有"止戈为武"的古训（《左

❶ 顾颉刚《武士与文士之蜕化》，收入《史林杂识》初编，北京：中华书局，1963年，85—91页。

传》宣公十二年）。武本指步武，后被引申为各种武德，如刚武、勇武、威武。古代谥法，有文、武二字，彼此对立。西方和战争或军事有关的词多与男性有关。❶此字略相当英语的 macho 或 martial。

"善战者不怒"，军人的大忌是怒。《孙子·火攻》："主不可以怒而兴军，将不可以愠而致战。"

"善胜敌者弗与"，是说善胜敌者不用跟对手交锋，即所谓"不战而屈人之兵，善之善者也"（《孙子·谋攻》）。"与"，各本作"与"，唯傅本作"争"，作"争"是通俗化。

"善用人者为之下"，是说善为人下，人乐为之用。

"是谓不争之德"，"不武"、"不怒"、"弗与"、"为之下"，都是与人无争。

"是谓用人"，是谓得人之用。今本作"是谓用人之力"，则加字以具体化。

"是谓配天"，是谓合天之道。

"古之极也"，古代武德的顶峰。

❶ 李零《战争启示录》，收入《花间一壶酒》，北京：同心出版社，2005年，100—125页。

第七十一章（今本第六十九章）

用兵有言曰：吾不敢为主而为客，吾不〔敢〕进寸而退尺。是谓行无行，攘无臂，执无兵，乃无敌矣。祸莫大于无敌，无敌，近亡吾宝矣。故称兵相若，则哀者胜矣。

【大义】

此章也是论兵。作者的意思分三层，一层意思是，古人讲，作战双方，一方是攻方，一方是守方。一方咄咄逼人，一方节节退让，最好作后一种；另一层意思是，打仗不能没有敌人，如果没有敌人，就是有天大的本事也白搭，再好的军队，再好的武器，再好的地形，都无所用之；还有一层意思是，如果有敌人，即使敌我实力相当，也是以哀礼看待用兵的一方取胜。（哀兵必胜）

【讨论】

"用兵有言"，说明这是兵家的成说。《老子》和《墨子》一样，都是讲守势兵法，保全自己的兵法，和《孙子》不一样。

"吾不敢为主而为客,吾不敢进寸而退尺",《孙子·九地》讲主客,偏爱为客。其概念是,我入敌国,则敌为主,我为客;敌入我国,则我为主,敌为客,客是进攻的一方。但这里是以进攻的一方为主,退守的一方为客。进攻好,还是防守好?历来有争论。今本《孙子》的《形》篇有一句话,作"守则不足,攻则有余",银雀山汉简本正好相反,作"守则有余,攻则不足"。后者是早期文本的本来面貌。西方的兵家也有这种说法。例如克劳塞维茨说,据守比夺取容易,防御比进攻容易,"这种由抵御和据守带来的优点包含在一切防御的性质中。这一优点在生活的其他领域中,特别是在同战争非常近似的诉讼中,已经由'占有者得利'这一拉丁谚语肯定下来了。另一个纯粹是战争本身带来的优点是地形之利,它是防御者可以优先享用的利益。"❶第二个"敢"字,甲本脱,据乙本补。

"行无行",想走路却没有路。前一"行"字是行走的行,后一"行"字是作道路讲的行。

"攘无臂",想揎拳捋袖伸胳膊却没有胳膊。

"执无兵",想手执兵器却没有兵器。

"祸莫大于无敌",这是兵家的至理名言。"无敌",今本作"轻敌",意思有变化。

"称兵相若",这里指敌我实力相当。"称兵",古书出现比较多,如《左传》襄公二十三年、二十七年,《礼记·月令》,称可训举,这里是举兵的意思。今本作"抗兵相加",可能是先换"若"为"如",再误"如"为"加"。"抗兵",古书少见,《魏书·刘休宾传》提到"升城犹能抗兵累旬",是抵抗之义,但抗

---

❶ 克劳塞维茨《战争论》,中国人民解放军军事科学院译,北京:商务印书馆,1978 年,第二卷,476 页。

亦可训举。

"近亡吾宝"，今本作"几丧吾宝"。"几"，是见母微部字，"近"是见母文部字，音近义同。"亡"，楚简亡字有两种用法，一种当有无之无的亡，一种当丧亡之亡的亡，前者作亡，后者是以丧字的省体表示，可以换作丧。这里的"吾宝"，疑即上第69章的"我恒有三宝"。

"则哀者胜矣"，参看第31章。第31章说，兵事是凶事，要以丧礼视之，"杀人众，以悲哀泣之；战胜，以哀礼处之"。此话，后来变成成语"哀兵必胜"。

第七十二章（今本第七十章）

吾言甚易知也，甚易行也，而人莫之能知也，而莫之能行也。言有宗，事有君。夫唯无知也，是以不我知。知我者希，则我贵矣。是以圣人被褐而怀玉。

【大义】

作者说，理解他的人太少。他的话都是有根有据，本来很容易懂，也很容易照着做，可惜很多人太傻，不能理解，也不能照着做。他说，理解我的人越少，说明我的话越可贵，就像圣人穿着破衣裳，却怀揣着宝玉。（*理解者太少*）

【讨论】

"言有宗，事有君"，是说我说话，我做事，都有所本，不是胡说八道。所谓"宗"，所谓"君"，都是指有根有据。

"唯无知也，是以不我知"，意思是，正因为他们太无知，才不能理解我。

"知我者希，则我贵矣"，是说理解我的人越少，正说明我的价值越高。"希"是稀少。

"是以圣人被褐而怀玉","圣人"是理想的统治者;"褐"音hè,粗布衣裳。圣人常常不被理解,就像外边披件破衣裳,里边揣着宝玉。

第七十三章（今本第七十一章）

知不知，上矣。不知（不）知，病矣。是以圣人之不病，以其病病，是以不病。

【大义】

知道自己不知道什么，最好；不知道自己知道什么，是大毛病。圣人不犯这种毛病，是因为他把毛病当作毛病，所以不犯这种毛病。（知不知与不知知）

【讨论】

这段话很好玩，有点像绕口令，"上"字和后面的四个"病"字都是押阳部韵。《论语·为政》2.17："子曰：'由！诲女（汝）知之乎？知之为知之，不知为不知，是知也。'"也像绕口令，不但形式相似，内容也有可比性。

"不知知，病矣"，"不知知"，甲本"不"下误点重文号，今据乙本、今本改正。今本此下多出"夫唯病病，是以病病"。《潜夫论·思贤》有这两句，或即所本。

"是以圣人之不病,以其病病,是以不病",《韩非子·喻老》"病病"作"不病","不病"作"无病",今本删"是以"。

《庄子·齐物论》也有一段话是讨论这个问题,啮缺问王倪,有三个问题。第一,万物是不是有一样的标准?王倪说,我怎么知道?第二,你知道你不知道什么吗?王倪说,我怎么知道?第三,万物不能互相理解吗?王倪说,我怎么知道?三问三不知。他说,我也想试着讲一讲,但我怎么知道我知道的就一定不是我不知道的,我不知道的就一定不是我知道的呢。孔子也喜欢说"不知",但并非真的不知道,而是知道也不告诉你,借以表示不满(参看《论语·八佾》3.11)。

在认知的问题上,我们最难知道的是我们不知道什么,因而也难以分清已知和未知的界限。

第七十四章（今本第七十二章）

民之不畏威（危），则大威（危）将至矣。毋狎（狭）其所居，毋厌（压）其所生。夫唯弗厌（压），是以不厌。是以圣人自知而不自见也，自爱而不自贵也。故去彼取此。

【大义】

《老子》对他生活的世界有恐惧感，特别是害怕老百姓造反。作者说，一旦老百姓不怕危险，大危险就会来临。统治者不要让他们住得太狭窄，不要让他们活得太窘迫。只有你不压迫他们，他们才不会抛弃你。圣人有自知之明，并不向别人炫耀自己；自己爱惜自己，并不自以为了不起。他选择的是自知自爱，而不是炫耀虚荣。（民不畏危）

【讨论】

"民之不畏威，则大威将至矣"，"威"，通危。

"毋狎（狭）其所居，毋厌其所生"，不要使他们的居住环境太狭窄，不要使他们的生活太窘迫。"狎"，帛书甲本作"闸"，乙本作"伊"，王本、傅本作"狎"，河本作"狭"，严本作"挟"，这里读为狭。"厌"，与压通，既有压迫之义，也有厌弃之义，这里读压，为压迫之义。

"夫唯弗厌，是以不厌"，上"厌"读压，与上相承；下"厌"读厌，表示厌弃。如第66章"天下乐推而弗厌也"的"厌"就是厌弃之义。这两句，后句为了押韵，故意省去宾语。

"是以圣人自知而不自见也，自爱而不自贵也"，所以圣人有自知之明，但并不表现自己；自己尊重自己，但并不以为有什么了不起。

"去彼取此"，见第12、38章。

第七十五章（今本第七十三章）

　　勇于敢者则杀，勇于不敢者则活，此两者或利或害。天之所恶，孰知其故？天之道，不战而善胜，不言而善应，不召而自来，坦而善谋。天网恢恢，疏而不失。

【大义】

　　此章是论兵，也跟怕死不怕死的问题有关。作者认为，战场上的吉凶祸福很难预料，勇于拼命杀敌的可能被杀，勇于保护自己的可能活下来，两种选择各有利弊。老天的心思是什么，它讨厌哪一种，谁也不知道，但它喜欢什么，却清清楚楚。它喜欢的是不跟敌人交战却善于取胜的人，不下命令却能得到士兵响应的人，不召敌人来敌人却自动来的人，以及襟怀坦荡而长于计谋的人。老天是公平的，天网恢恢，看似疏漏，却什么也漏不掉，死生祸福由天意，冥冥之中，一切自有安排。（天网恢恢，疏而不失）

【讨论】

"勇于敢者则杀,勇于不敢者则活,此两者或利或害",战争的目的是消灭敌人,保存自己,要达到这两个目标,就要该胆大胆大,该胆小胆小,既不要无端送命,也不可一味求生。两种选择,各有利弊,哪种更好,很难说。

"天之所恶,孰知其故",到底拼命是老天所恶,还是怕死是老天所恶,很难知道。这两句下,今本增加"是以圣人犹难之",意思是圣人都很难知道。

"天之道,不战而善胜,不言而善应,不召而自来,坦而善谋",这几句,可参看《孙子》的三段话。《孙子·谋攻》"是故百战百胜,非善之善者也;不战而屈人之兵,善之善者也",就是这里的"不战而善胜";《九地》"施无法之赏,悬无政之令。犯三军之众,若使一人。犯之以事,勿告以言;犯之以利,勿告以害",就是这里的"不言而善应";《虚实》"故善战者,致人而不致于人。能使敌人自至者,利之也;能使敌人不得至者,害之也",就是这里的"不召而自来"。"不召而自来",帛书乙本"不"作"弗",甲本和今本一样。"坦而善谋",是对生死坦然,又长于计谋。"坦",帛书甲本作"弹",乙本作"单",河本、王本作"繟",严本作"坦",傅本作"默"。"弹"、"单"、"繟"是"坦"字的通假字,"默"字则很可能是"墨"字之误。

"天网恢恢,疏而不失",今语作"天网恢恢,疏而不漏"。

第七十六章（今本第七十四章）

若民恒且不畏死，奈何以杀惧之也？若使民恒且畏死而为奇者，吾得而杀之，夫孰敢矣？若民恒且必畏死，则恒有司杀者。夫代司杀者杀，是代大匠斲也。夫代大匠斲者，则希不伤其手矣。

【大义】

这是讲老百姓不怕死怎么办。一是什么情况下可杀，二是杀什么人，三是谁来杀。作者说，如果老百姓连死都不怕，你拿杀头吓唬他们有什么用？不能杀。如果他们怕死，当然可以杀，但不能滥杀，只要把作乱的杀掉，其他人就不敢作乱。杀人，不能自己杀，要交专管杀人的人去杀，用不着自己动手。代替杀人的人去杀，就像不懂木匠活的替木匠斫木头，不伤自己的手才怪。他强调的是，在杀人的问题上，也要无为，第一，不能随便杀，杀是为了吓唬老百姓，第二，不能直接杀。（民不畏死）

【讨论】

"若民恒且不畏死，奈何以杀惧之也"，如果老百姓不怕死，而且是彻头彻尾、确确实实不怕死，统治者拿杀头吓唬他们，又有什么用。这里，"恒且不"是一种强调的语气。今本省"恒且"，"杀"作"死"。《尹文子·大道下》"民不畏死，如何以死惧之"，或即所本。

"若使民恒且畏死而为奇者，吾得而杀之，夫孰敢矣"，如果老百姓怕死，而且是彻头彻尾、确确实实怕死，假使他们敢犯上作乱，我把他们抓起来杀掉，谁还敢作乱。今本"畏"上是"常"字，没有"且"字。"吾得而杀之"，河本、严本、王本作"吾得执而杀之"，傅本作"吾得而杀之"。"为奇"，是不守规矩，犯上作乱的意思。

"若民恒且必畏死，则恒有司杀者"，如果老百姓怕死，而且是彻头彻尾、确确实实怕死，肯定而无疑，则自有管杀人的人去杀，根本用不着我动手去杀。"必"字也是用以加强肯定的语气。今本无第一句。

"斲"，音 zhuó，用斤（锛子）斫木材。

"希"，同稀，是少有的意思。

第七十七章（今本第七十五章）

人之饥也，以其取食税之多也，是以饥。百姓之不治也，以其上有以为也，是以不治。民之轻死，以其求生之厚也，是以轻死。夫唯无以生为者，是贤贵生。

【大义】

此章也是讨论老百姓不怕死的问题。上面是讲对付老百姓不怕死的办法，这里是分析老百姓不怕死的原因。老百姓，本来老老实实，怎么会闹到连死都不怕，起而造反作乱？这是统治者极其头疼的事情。老百姓为什么不怕死？原因很简单，他们求生心切，太想活。作者说，人之所以饿肚子，是因为粮食税抽得太多。老百姓之所以难管理，是因为上面太能瞎折腾，总是烦扰老百姓。人民不怕死，是因为求生的愿望太强烈。只有连起码的生存都维持不下去，他们才会觉得，死了也比活着强。（民不怕死）

【讨论】

这段话讲得太好，分析很透彻。可惜的是，旧本多误，旧注多失，常常把"其"和"其上"搞混。原文"其"是指老百姓，"其上"是指老百姓上边的统治者，本来很清楚，但今本强求统一，每于"其"下乱加"上"字，造成文义混乱。今得帛书本，可以纠正今本的错误，澄清历来的误解。

"人之饥也"，河本、王本、傅本作"民之饥也"，严本作"人之饥也"。《后汉书·郎𫖮传》亦作"人之饥也"，"民"是避唐太宗讳改字。

"以其取食税之多也"，今本为求与下文统一，在"其"下加了"上"字。这里的"其"是"人"，即下文的"百姓"和"民"，不是指统治者。"取食税"是被取食税。

"百姓之不治也，以其上有以为也，是以不治"，两"不治"，今本作"难治"。"难治"是难以治，还不是根本没治，程度不一样。

"民之轻死，以其求生之厚也，是以轻死。夫唯无以生为者，是贤贵生"，"轻死"是不怕死，即上一章的"不畏死"；"求生之厚"是厚生，下文叫"贵生"。"贵生"与"轻死"相对，是重生的意思。我们要注意，这几句话的主语都是"民"，而不是统治者。历来的解释，多把后几句的主语当成统治者，傅本甚至把"其"改成"其上"，与上文统一。这样一改，意思就变了。很多人都以为，原文是说，民之轻死，在于统治者贵生，统治者只有不贵生，才胜于贵生。其实，从帛书本看，正好相反，它是说，百姓轻死，以其贵生，只缘无以为生，他们才轻死，视轻死胜于贵生。旧注多失。河上公注："人民轻犯死者，以其求生活之道太厚，贪利以自危，以求生太厚之故，轻入死地也。"它把人民轻死的原因说成贪利，虽然不对，但对主语的理解是对的。严遵说得更清楚："在所欲存，俱过于世，或如彼，或如此。恍恍惚惚，存不如亡，生不如死。志勇胆横，瞋目相视。君臣相谋，父子相揆。汤镬不能畏，铁钺不能止。民之所以细其命而大财宝，乘危狭，触重禁，赴白刃，冒流矢，不顾其身，得利为右者，以其欲名之荣而求生之厚也。"

第七十八章（今本第七十六章）

人之生也柔弱，其死也筋肕坚强。万物草木之生也柔脆，其死也枯槁。故曰：坚强者，死之徒也；柔弱（微细），生之徒也。兵强则不胜，木强则（恒）〔僵〕。强大居下，柔弱居上。

【大义】

人活着的时候，浑身是软的；死了，才硬邦邦。草木活着的时候，非常细嫩，死了，才干黄枯槁。可见坚强的东西，往往是死了的东西；活着的，反而是柔弱的东西。兵强会导致失败，木强会导致僵硬。故强大的多半在下边，柔弱的多半在上边。（刚强不如柔弱）

【讨论】

"筋肕"，"肕"音 rèn，坚肉。

"脆"有柔软之义。

"坚强者，死之徒也；柔弱，生之徒也"，"徒"是类属之义。"柔弱"下，甲本多出"微细"二字，乙本、今本只作"柔弱"，疑抄写者把上文"脆"读为"毳"，故增"微细"以解之，其实是衍文。参看第50章："出生入死。生之徒十有三，死之徒十有三，而民生生，动皆之死地之十有三。"

"兵强则不胜，木强则（恒）〔僵〕"，末字，甲本作"恒"，乙本作"竞"，观上下文可知，这里是押阳部韵，疑甲本原作"僵"，形近讹为"恒"，乙本则是"僵"的通假字。这个字，王本作"兵"，俞樾以为"折"字之误（《诸子平议》）。河本、严本、傅本作"共"，则是"兵"字之讹。《文子·道原》、《淮南子·原道》、《列子·黄帝》作"兵强则灭，木强则折"，是另一种文本。

"强大居下，柔弱居上"，第61章："大邦者，下流也，天下之牝。天下之交也，牡恒以静胜牝。为其静也，故宜为下。"

第七十九章（今本第七十七章）

　　天之道，犹张弓者也，高者抑之，下者举之；有余者损之，不足者补之。故天之道，损有余而补不足；人之道，则不然，损不足而奉有余。孰能有余而有以取奉于天者乎？唯有道者乎？是以圣人为而弗有，成功而弗居也。若此，其不欲见贤也。

【大义】

　　天有天道，人有人道。天之道，是损有余而补不足，就像张弓，你一扣弦，弓背的上半截就会朝下弯，下半截就会向上翘，这叫"高者抑之，下者举之"。人之道，正好相反，是损不足而献有余。作者说，有谁能把有余的东西献给老天吗？恐怕只是有道者吧？圣人都是只做好事，没有占有欲，不但不要多余的财产，连功名也不要。他们之所以这样，就是怕人以为了不起。

（天道和人道）

【讨论】

　　"天之道，犹张弓者也，高者抑之，下者举之"，这段话，多少人解释，全没看懂。其实，道理很简单，弓这个东西，你只要一拉，上半截就会朝下弯，下半截就会朝上弯，弓背的两端，比起原来的高度，上边的就降低了，下边的就升高了。孔子主张"和而不同"（《论语·子路》13.23），老子也不讲大同。他的态度是，社会的两极，高的应该压一压，低的应该抬一抬，把差距适当调节一下。他并不打算把两者拉平。弓，如果上下拉平，弓背就折了。

"故天之道，损有余而补不足；人之道，则不然，损不足而奉有余"，前两句，是重复上文的"天之道……有余者损之，不足者补之"；后两句，意思正好相反，但"奉"和"补"不一样，不是补充，而是奉献。这几句话，真是洞穿古今。中国历史上，老百姓造反，大旗上写着"替天行道"。天道是什么？就是"损有余而补不足"。人类社会太缺德，总是劫贫济富，"损不足而奉有余"，但缺德缺到头，事情就反过来了。这时候，就会有人出来，借老天爷讲话：既然你们劫贫济富，我们就要劫富济贫。

"孰能有余而有以取奉于天者乎？唯有道者乎"，这是问，有谁财富太多，良心过意不去，肯拿出来交给老天吗？恐怕只是"有道者"吧？上句，河本、王本作"孰能有余以奉天下"，严本作"孰能损有余而奉天下"，傅本作"孰能损有余而奉不足于天下者"，"损"字是后加，它们的区别主要是，把"天者"改成"天下"。

"是以圣人为而弗有，成功而弗居也"，这里，《老子》也是拿圣人说事。"弗有"，今本作"不恃"。"弗居"，今本作"不处"。

"若此，其不欲见贤也"，今本无"若此"。

第八十章（今本第七十八章）

天下莫柔弱于水，而攻坚强者，莫之能胜也，以其无以易之也。水之胜刚，弱之胜强，天下莫弗知也，而莫能行也。故圣人之言云。曰：受邦之垢，是谓社稷之主；受邦之不祥，是谓天下之王。正言若反。

【大义】

天下没有什么东西比水还柔弱，但也没有什么东西可以代替它，比它更能克服坚硬的东西。这种以柔克刚，以弱胜强的道理，天下没人不知，无人不晓，但没人会照着做。圣人说，只有为国家包羞忍耻，承受不祥的人，才能成为社稷之主、天下之王。（柔弱胜刚强）

【讨论】

此章强调柔弱胜刚强，是以水为喻。

"天下莫柔弱于水，而攻坚强者，莫之能胜也，以其无以易之也"，滴水可以穿石，沧海桑田，山形水势，很多地形地貌的改变，都和水有关，即使琢玉，也要用解玉砂，借助水流，没有什么比它更厉害，可以代替它。"胜"，帛书两本俱缺，河本、王本作"胜"，傅本作"先"。第一句，各本大致相同，唯河本作"天下柔弱，莫过于水"。

"水之胜刚，弱之胜强，天下莫弗知也，而莫能行也"，参看上第72章，"吾言甚易知也，甚易行也，而人莫之能知也，而莫之能行也"，这里是讲不知"道"的傻瓜。"水"，甲本缺，这里是据乙本补。这两句，河本、王本作"弱之胜强，柔之胜刚"，顺序颠倒；严本作"夫水之胜强，柔之胜刚"，句首有"水"字，同于乙本，但两句的顺序也是颠倒的；傅本作"柔之胜刚，弱之胜强"，顺序同于帛书本，但没有"水"字。

"故圣人之言云"，是指下面的话。王本、河本无"之言"。

"曰：受邦之垢，是谓社稷之主；受邦之不祥，是谓天下之王"，是说忍辱负重，敢于承担风险，才能成其大事。"社稷之主"，是一国之主，"天下之王"，是天下共主。

"正言若反"，乱世，是非颠倒，正话变反话，实在搞不清，你就把正话当反话，反话当正话，没准，八九不离十。

第八十一章（今本第七十九章）

和大怨，必有余怨，焉可以为善？是以圣人执（右）〔左〕契，而不以责于人。故有德司契，无德司彻。夫天道无亲，恒与善人。

【大义】

《老子》说，平息大怨，往往仍有余怨，好像我反而欠着他。最好的办法，是像圣人那样，拿着债券，却并不讨债，让对方感到，他欠着我。有德的人是拿着债券的人，无德的人是直接讨债的人。天道于人无所厚薄，但它更喜欢的还是"善人"。（宁人负我，毋我负人）

【讨论】

"和大怨，必有余怨，焉可以为善"，深仇大恨，很难彻底平息，和好之后，往往还有余怨，怎么办才好？"焉"，今本作"安"，"善"是妥善。

"是以圣人执（右）〔左〕契，而不以责于人"，"右契"，甲本如此,乙本、今本作"左契",应作"左契"。契约,现在是一式两份。古代刻木为契,一剖两半,契口和契口必须能对起来。执左契的,是债权人;执右契的,是负债人。"责",与债同源,这里指讨债。《老子》认为,消除怨恨的最好办法是并不责怪对方,让对方欠着自己,就像拿着左契却并不讨债,俗话叫感情放债。曹操有一句名言,"宁我负人,毋人负我"(《三国志·魏志·武帝纪》注引《魏书》)。反过来讲,是"宁人负我,毋我负人"。这里讲的,就是让人家欠着自己。

"故有德司契,无德司彻","彻",旧说是周代的彻法,即按 1/10 的比例抽农业税的制度。彻,古文字,像用手把一只鬲拿开,和后来的撤是同一字。司契是不取,司彻是取,正好相反。《老子》以无为用,当然是不取。

"夫天道无亲,恒与善人","天道无亲"是不以人的愿望为转移,"恒与善人"是说总是有利于善人。"善人"是好人。这个词,又见第8、27、62章。这是《老子》宣道的心理学设计。一般人相信,天道很神秘,非人力所能左右,《老子》说"天道无亲",可以符合这种信仰;一般人期望,好人有好报,吃小亏可以占大便宜,《老子》说"恒与善人",也可以满足这种愿望。《说苑·敬慎》引《金人铭》有"天道无亲,常与善人"等语(又见《孔子家语·观周》),或即所本。❶《后汉书·袁绍传》引此,云出《太公金匮》。

❶ 郑良树《〈金人铭〉与〈老子〉》,收入他的《诸子著作年代考》,12—20页。

附录

附录一　老子传记资料

先秦古书言及老子、老聃、老莱子和周太史儋，主要有八本书：《大戴礼》、《礼记》、《庄子》、《文子》、《荀子》、《韩非子》、《吕氏春秋》、《战国策》，而八书中又以《庄子》谈得最多。另外，《列子》，还有《淮南子》、《史记》、《汉书》、《说苑》等书也有一些记载。下面是有关资料（划线处为《老子》引文）。

一　《庄子》中的老子和老莱子

（一）老子或老聃

老聃死，秦失吊之，三号而出。弟子曰："非夫子之友邪？"

曰："然。"

"然则吊焉若此，可乎？"

曰："然。始也吾以为其人也，而今非也。向吾入而吊焉，有老者哭之，如哭其子；少者哭之，如哭其母。彼其所以会之，必有不蕲言而言，不蕲哭而哭者。是遯（遁）天倍（背）情，忘其所受，古者谓之遯（遁）天之刑。适来，夫子时也；适去，夫子顺也。安时而处顺，哀乐不能入也，古者谓是帝之县解。"

指穷于为薪，火传也，不知其尽也。

（《内篇·养生主》）

鲁有兀者叔山无趾，踵见仲尼。仲尼曰："子不谨，前既犯患若是矣。虽今来，何及矣！"

无趾曰："吾唯不知务，而轻用吾身，吾是以亡足。今吾来也，犹有尊足者存，吾是以务全之也。夫天无不覆，地无不载，吾以夫子为天地，安知夫子之犹若是也！"

孔子曰："丘则陋矣。子胡不入乎，请

讲以所闻!"

无趾出。孔子曰:"弟子勉之!夫无趾,兀者也,犹务学,以复补前行之恶,而况全德之人乎!"

无趾语老聃曰:"孔丘之于至人,其未邪?彼何宾宾以学子为?彼且蕲以諔诡幻怪之名闻,不知至人之以是为已桎梏邪?"

老聃曰:"胡不直使彼以死生为一条,以可不可为一贯者,解其桎梏,其可乎?"

无趾曰:"天刑之,安可解!"(《内篇·德充符》)

阳子居见老聃,曰:"有人于此,向疾强梁,物彻疏明,学道不勌。如是者,可比明王乎?"

老聃曰:"是于圣人也,胥易技系,劳形怵心者也。且曰虎豹之文来田,猨狙之便、执斄(狸)之狗来藉。如是者,可比明王乎?"

阳子居蹴然曰:"敢问明王之治。"

老聃曰:"明王之治,功盖天下,而似不自己;化贷万物,而民弗恃;有莫举名,使物自喜;立乎不测,而游于无有者也。"(《内篇·应帝王》)

崔瞿问于老聃曰:"不治天下,安藏人心?"

老聃曰:"女(汝)慎无撄人心。人心排下而进上,上下囚杀,淖约柔乎刚彊。廉刿彫琢,其热焦火,其寒凝冰。其疾俯仰之间,而再抚四海之外,其居也渊而静,其动也悬而天。偾骄而不可系者,其唯人心乎!

"昔者黄帝始以仁义撄人之心,尧、舜于是乎股无胈,胫无毛,以养天下之形,愁其五藏(脏),以为仁义,矜其血气,以规法度,然犹有不胜也。尧于是放讙兜于崇山,投三苗于三峗,流共工于幽都,此不胜天下也。夫施及三王而天下大骇矣。下有桀、跖,上有曾、史,而儒、墨毕起。于是乎喜怒相疑,愚知(智)相欺,善否相非,诞信相讥,而天下衰矣;大德不同,而性命烂漫矣;天下好知(智),而百姓求竭矣。于是乎釿锯制焉,绳墨杀焉,椎凿决焉。天下脊脊大乱,罪在撄人心。故贤者伏处大山嵁岩之下,而万乘之君忧慄乎庙堂之上。

"今世殊死者相枕也,桁杨者相推也,刑戮者相望也,而儒、墨乃始离跂攘臂乎桎梏之间。意,甚矣哉!其无愧而不知耻也甚矣!吾未知圣知(智)之不为桁杨椄槢也,仁义之不为桎梏凿枘也,焉知曾、史之不为桀、跖嚆矢也!故曰:'<u>绝圣弃知,而天下大治。</u>'"(《外篇·在宥》)

案:"上有曾、史,而儒、墨毕起",分明是孔子死后才有的局面。冯

友兰说，这段话倒更符合老聃的时代。❶

夫子问于老聃曰："有人治道若相放，可不可，然不然。辩者有言曰，'离坚白若县寓。'若是则可谓圣人乎？"

老聃曰："是胥易技系、劳形怵心者也。执留（狸）之狗（成思）〔来田〕，猿狙之便（自山林）来〔藉〕。丘，予告若，而（尔）所不能闻与而（尔）所不能言。凡有首有趾无心无耳者众，有形者与无形无状而皆存者尽无。其动止也，其死生也，其废起也，此又非其所以也。有治在人，忘乎物，忘乎天，其名为忘己。忘己之人，是之谓入于天。"（《外篇·天地》）

孔子西藏书于周室。子路谋曰："由闻周之征藏史有老聃者，免而归居，夫子欲藏书，则试往因焉。"

孔子曰："善。"往见老聃，而老聃不许，于是繙十二经以说。

老聃中其说，曰："大谩，愿闻其要。"

孔子曰："要在仁义。"

老聃曰："请问仁义，人之性邪？"

孔子曰："然。君子不仁则不成，不义则不生。仁义，真人之性也，又将奚为矣？"

老聃曰："请问何谓仁义？"

孔子曰："中心物恺，兼爱无私，此仁义之情也。"

老聃曰："意（噫），几乎后言！夫兼爱，不亦迂乎！无私焉，乃私也。夫子若欲使天下无失其牧乎，则天地固有常矣，日月固有明矣，星辰固有列矣，禽兽固有群矣，树木固有立矣。夫子亦放德而行，循道而趋，已至矣；又何偈偈乎揭仁义，若击鼓而求亡子焉？意（噫），夫子乱人之性也！"
（《外篇·天道》）

士成绮见老子而问曰："吾闻夫子圣人也，吾固不辞远道而来愿见，百舍重趼（茧）而不敢息。今吾观子，非圣人也。鼠壤有余蔬（䟽），而弃妹（蔑）之者，不仁也，生熟不尽于前，而积敛无崖。"

老子漠然不应。

士成绮明日复见，曰："昔者吾有刺于子，今吾心正却矣，何故也？"

老子曰："夫巧知（智）神圣之人，吾自以为脱焉。昔者子呼我牛也而谓之牛，呼我马也而谓之马。苟有其实，人与之名而弗受，再受其殃。吾服也恒服，吾非以服有服。"

士成绮雁行避影，履行，遂进而问："修身若何？"

老子曰："而（尔）容崖然，而（尔）

---

❶ 冯友兰《中国哲学史新编》上卷，北京：人民出版社，1998年，310页。

目冲然,而(尔)颡頯然,而(尔)口阚然,而(尔)状义(峨)然,似系马而止也。动而持,发也机,察而审,知(智)巧而睹于泰,凡以为不信。边竟(境)有人焉,其名为窃。"(《外篇·天道》)

孔子行年五十有一而不闻道,乃南之沛,见老聃。

老聃曰:"子来乎?吾闻子,北方之贤者也,子亦得道乎?"

孔子曰:"未得也。"

老子曰:"子恶乎求之哉?"

曰:"吾求之于度数,五年而未得也。"

老子曰:"子又恶乎求之哉?"

曰:"吾求之于阴阳,十有二年而未得。"

老子曰:"然,使道而可献,则人莫不献之于其君;使道而可进,则人莫不进之于其亲;使道而可以告人,则人莫不告其兄弟;使道而可以与人,则人莫不与其子孙。然而不可者,无佗也,中无主而不止,外无正而不行。由中出者,不受于外,圣人不出;由外入者,无主于中,圣人不隐。名,公器也,不可多取。仁义,先王之蘧庐也,止可以一宿,而不可久处,觏而多责。

"古之至人,假道于仁,托宿于义,以游逍遥之墟,食于苟简之田,立于不贷之圃。逍遥,无为也;苟简,易养也;不贷,无出也。古者谓是采真之游。

"以富为是者,不能让禄;以显为是者,不能让名;亲权者,不能与人柄。操之则慄,舍之则悲,而一无所鉴,以阚(窥)其所不休者,是天之戮民也。怨恩、取与、谏教、生杀,八者,正之器也,唯循大变无所湮者,为能用之。故曰,正者正也。其心以为不然者,天门弗开矣。"(《外篇·天运》)

孔子见老聃而语仁义。老聃曰:"夫播(簸)穅眯目,则天地四方易位矣;蚊虻噆肤,则通昔(夕)不寐矣。夫仁义憯(惨)然,乃(愤)〔愦〕吾心,乱莫大焉。吾子使天下无失其朴,吾子亦放风而动,总德而立矣,又奚杰〔杰然揭仁义〕,若负建鼓而求亡子者邪!夫鹄不日浴而白,乌不日黔而黑。黑白之朴,不足以为辩;名誉之观,不足以为广。泉涸,鱼相与处于陆,相呴以湿,相濡以沫,不若相忘于江湖!"

孔子见老聃归,三日不谈。弟子问曰:"夫子见老聃,亦将何规哉?"

孔子曰:"吾乃今于是乎见龙!龙,合而成体,散而成章,乘云气而养乎阴阳。予口张而不能嗋,予又何规老聃哉!"

子贡曰:"然则人固有尸居而龙见,雷声而渊默,发动如天地者乎?赐亦可得而观乎?"遂以孔子声见老聃。

老聃方将倨堂而应,微曰:"予年运而往矣,子将何以戒我乎?"

子贡曰:"夫三王(皇)五帝之治天下不同,其系声名一也。而先生独以为非圣人,如何哉?"

老聃曰:"小子少进!子何以谓不同?"

对曰:"尧授舜,舜授禹,禹用力而汤用兵,文王顺纣而不敢逆,武王逆纣而不肯顺,故曰不同。"

老聃曰:"小子少进!余语汝三皇五帝之治天下。黄帝之治天下,使民心一,民有其亲死不哭,而民不非也。尧之治天下,使民心亲,民有为其亲杀其杀,而民不非也。舜之治天下,使民心竞,民孕妇十月生子,子生五月而能言,不至乎孩而始谁,则人始有夭矣。禹之治天下,使民心变,人有心而兵有顺,杀盗非杀人,自为种而天下耳,是以天下大骇,儒、墨皆起。其作始有伦,而今乎(妇)〔归〕,女(汝)何言哉!余语汝三皇五帝之治天下,名曰治之,而乱莫甚焉。三皇之知(智),上悖日月之明,下睽山川之精,中堕四时之施。其知(智)憯于蛎虿之尾,鲜规之兽,莫得安其性命之情者,而犹自以为圣人,不可耻乎,其无耻也?"

子贡蹴蹴然,立不安。(《外篇·天运》)

孔子谓老聃曰:"丘治《诗》、《书》、《礼》、《乐》、《易》、《春秋》六经,自以为久矣,孰知其故矣;以奸者七十二君,论先王之道而明周、召之迹,一君无所钩用。甚矣夫!人之难说也!道之难明邪?"

老子曰:"幸矣子之不遇治世之君也!夫六经,先王之陈迹也,岂其所以迹哉!今子之所言,犹迹也。夫迹,履之所出,而迹岂履哉!夫白鶂之相视,眸子不运而风化;虫,雄鸣于上风,雌应于下风而风化;类自为雌雄,故风化。性不可易,命不可变,时不可止,道不可壅。苟得于道,无自而不可;失焉者,无自而可。"

孔子不出三月,复见曰:"丘得之矣。乌鹊孺,鱼傅沫,细要者化,有弟而兄啼。久矣夫丘不与化为人!不与化为人,安能化人!"

老子曰:"可。丘得之矣!"(《外篇·天运》)

孔子见老聃,老聃新沐,方将被发而干,慹然似非人。孔子便而待之,少焉见,曰:"丘也眩与,其信然与?向者先生形体掘若槁木,似遗物离人而立于独也。"

老聃曰:"吾游心于物之初。"

孔子曰:"何谓邪?"

曰:"心困焉而不能知,口辟焉而不能言,尝为汝议乎其将。至阴肃肃,至阳赫赫。肃肃出乎天,赫赫发乎地,两者交通成和,而物生焉,或为之纪,而莫见其形。消息满虚,一晦一明,日改月化,日有所为,而莫见其功。生有所乎萌，死有所乎归，始终相反乎无端，而莫知乎其所穷。非是也，且孰为之宗！"

孔子曰："请问游是。"

老聃曰："夫得是，至美至乐也，得至美而游乎至乐，谓之至人。"

孔子曰："愿闻其方。"

曰："草食之兽，不疾易薮，水生之虫，不疾易水，行小变而不失其大常也，喜怒哀乐不入于胸次。夫天下也者，万物之所一也。得其所一而同焉，则四支（肢）百体，将为尘垢，而死生终始，将为昼夜，而莫之能滑，而况得丧祸福之所介乎！弃隶者，若弃泥塗，知身贵于隶也，贵在于我，而不失于变。且万化而未始有极也，夫孰足以患心！已为道者解乎此。"

孔子曰："夫子德配天地，而犹假至言以修心，古之君子，孰能脱焉？"

老聃曰："不然。夫水之于汋也，无为而才自然矣。至人之于德也，不修而物不能离焉，若天之自高，地之自厚，日月之自明，夫何脩焉！"

孔子出，以告颜回曰："丘之于道也，其犹醯鸡与！微夫子之发吾覆也，吾不知天地之大全也。"（《外篇·田子方》）

孔子问于老聃曰："今日晏间，敢问至道。"

老聃曰："汝齐戒，疏瀹而（尔）心，澡雪而（尔）精神，掊击而（尔）知（智）！夫道，窅然难言哉！将为汝言其崖略。"

"夫昭昭生于冥冥，有伦生于无形，精神生于道，形本生于精。而万物以形相生，故九窍者胎生，八窍者卵生。其来无迹，其往无崖，无门无房，四达之皇皇也。邀于此者，四肢彊，思虑恂达，耳目聪明。其用心不劳，其应物无方。天不得不高，地不得不广，日月不得不行，万物不得不昌，此其道与！

"且夫博之不必知，辩之不必慧，圣人以断之矣。若夫益之而不加益，损之而不加损者，圣人之所保也。渊渊乎其若海，巍巍乎其〔若山〕，终则复始也，运量万物而不匮。则君子之道，彼其外与！万物皆往资焉而不匮，此其道与！

"中国有人焉，非阴非阳，处于天地之间，直且为人，将反于宗。自本观之，生者，喑醷物也，虽有寿夭，相去几何？须臾之说也，奚足以为尧、桀之是非！果蓏有理，人伦虽难，所以相齿。圣人遭之而不违，过之而不守。调而应之，德也；偶而应之，道也；帝之所兴，王之所起也。

"人生天地之间，若白驹之过郤（隙），忽然而已。注然勃然，莫不出焉；油然漻然，莫不入焉。已化而生，又化而死，生物哀之，人类悲之。解其天弢，堕其天袠，纷乎宛乎，魂魄将往，乃身从之，乃大归乎！不形之形，形之不形，是人之所同知也，非将至之所务也，此众人之所同论也。彼至则不论，论则不至。明见无值，辩不若默。道不可闻，闻不若塞。此之谓大得。"（《外篇·知北游》）

老聃之役有庚桑楚者，偏得老聃之道，以北居畏垒之山，其臣之画然知（智）者去之，其妾之挈然仁者远之，拥肿之与居，鞅掌之为使。居三年，畏垒大穰。畏垒之民相与言曰："庚桑子之始来，吾洒然异之。今吾日计之而不足，岁计之而有余。庶几其圣人乎！子胡不相与尸而祝之，社而稷之乎？"

庚桑子闻之，南面而不释然。弟子异之。庚桑子曰："弟子何异于予？夫春气发而百草生，正得秋而万（宝）〔实〕成。夫春与秋，岂无得而然哉？天道已行矣。吾闻至人，尸居环堵之室，而百姓猖狂，不知所如往。今以畏垒之细民而窃窃焉欲俎豆予于贤人之间，我其杓之人邪！吾是以不释于老聃之言。"

弟子曰："不然。夫寻常之沟，巨鱼无所还其体，而鲵鳅为之制；步仞之丘陵，巨兽无所隐其躯，而孽狐为之祥。且夫尊贤授能，先善而利，自古尧、舜以然，而况畏垒之民乎！夫子亦听矣！"

庚桑子曰："小子来！夫函（含）车之兽，介而离山，则不免于网罟之患；吞舟之鱼，砀（荡）而失水，则〔蝼〕蚁能苦之。故鸟兽不厌高，鱼鳖不厌深。夫全其形生之人，藏其身也，不厌深眇而已矣。且夫二子者，又何足以称扬哉！是其于辩也，将妄凿垣墙，而殖蓬蒿也。简发而栉，数米而炊，窃窃乎又何足以济世哉！举贤则民相轧，任知（智）则民相盗。之数物者，不足以厚民。民之于利甚勤，子有杀父，臣有杀君，正昼为盗，日中穴阫。吾语女（汝），大乱之本，必生于尧、舜之间，其末存乎千世之后。千世之后，其必有人与人相食者也！"
（《杂篇·庚桑楚》）

南荣趎蹴然正坐，曰："若趎之年者已长矣，将恶乎托业以及此言邪？"

庚桑子曰："全汝形，抱汝生，无使汝思虑营营。若此三年，则可以及此言矣。"

南荣趎曰："目之与形，吾不知其异也，而盲者不能自见；耳之与形，吾不知其异也，而聋者不能自闻；心之与形，吾不知其异也，而狂者不能自得。形之与形亦辟矣，而物或间之邪，欲相求而不能相得？今谓趎曰：'全汝形，抱（保）汝生，勿使汝思虑营营。'趎勉闻道达耳矣！"

庚桑子曰："辞尽矣。(曰)奔蜂不能化藿蠋，越鸡不能伏鹄卵，鲁鸡固能矣。鸡之与鸡,其德非不同也,有能与不能者,其才固有巨小也。今吾才小,不足以化子。子胡不南见老子!"

南荣趎赢粮,七日七夜,至老子之所。

老子曰:"子自楚之所来乎?"

南荣趎曰:"唯。"

老子曰:"子何与人偕来之众也?"

南荣趎惧然顾其后。

老子曰:"子不知吾所谓乎?"

南荣趎俯而惭,仰而叹曰:"今者吾忘吾答,因失吾问。"

老子曰:"何谓也?"

南荣趎曰:"不知乎?人谓我朱愚;知乎?反愁我躯。不仁则害人,仁则反愁我身;不义则伤彼,义则反愁我己。我安逃此而可?此三言者,趎之所患也,愿因楚而问之。"

老子曰:"向吾见若眉睫之间,吾因以得汝矣,今汝又言而信之。若规规然,若丧父母,揭竿而求诸海也。女(汝)亡人哉,惘惘乎!汝欲反汝情性而无由入,可怜哉!"

南荣趎请入就舍,召其所好,去其所恶,十日自愁,复见老子。

老子曰:"汝自洒濯,孰哉郁郁乎!然而其中津津乎犹有恶也。夫外韄者不可繁而捉,将内揵;内韄者不可缪而捉,将外揵。外内韄者,道德不能持,而况放道而行者乎!"

南荣趎曰:"里人有病,里人问之,病者能言其病,然其病病者,犹未病也。若趎之闻大道,譬犹饮药以加病也。趎愿闻卫生之经而已矣。"

老子曰:"卫生之经,能抱一乎?能勿失乎?能无卜筮而知吉凶乎?能止乎?能已乎?能舍诸人而求诸己乎?能翛然乎?能侗然乎?能儿子乎?儿子终日嗥而嗌不嗄,和之至也;终日握而手不掜,共其德也;终日视而目不瞚(瞬),偏不在外也。行不知所之,居不知所为,与物委蛇,而同其波。是卫生之经已。"

南荣趎曰:"然则是至人之德已乎?"

曰:"非也。是乃所谓冰解冻释者,能乎?夫至人者,相与交(邀)食乎地,而交(邀)乐乎天,不以人物利害相撄,不相与为怪,不相与为谋,不相与为事,翛然而往,侗然而来。是谓卫生之经已。"

曰:"然则是至乎?"

曰:"未也。吾固告汝曰:'能儿子乎?'儿子不知所为,行不知所之,身若槁木之枝,而心若死灰。若是者,祸亦不至,福亦不来。祸福无有,恶有人灾也!"(《杂篇·庚桑楚》)

柏矩学于老聃,曰:"请之天下游。"

老聃曰:"已矣!天下犹是也。"

又请之,老聃曰:"汝将何始?"

曰："始于齐。"

至齐，见辜人焉，推而强之，解朝服而幕之，号天而哭之曰："子乎子乎！天下有大菑，子独先离之，曰莫为盗！莫为杀人！荣辱立，然后睹所病；货财聚，然后睹所争。今立人之所病，聚人之所争，穷困人之身，使无休时，欲无至此，得乎！

"古之君人者，以得为在民，以失为在己；以正为在民，以枉为在己。故一形有失其形者，退而自责。今则不然。匿为物而（愚）〔过〕不识，大为难而罪不敢，重为任而罚不胜，远其塗而诛不至。民知力竭，则以伪继之。日出多伪，士民安取不伪！夫力不足则伪，知（智）不足则欺，财不足则盗。盗窃之行，于谁责而可乎？"（《杂篇·则阳》）

阳子居南之沛，老聃西游于秦，邀于郊，至于梁，而遇老子。老子中道，仰天而叹曰："始以汝为可教，今不可也。"

阳子居不答。至舍，进盥漱巾栉，脱屦户外，膝行而前，曰："向者弟子欲请夫子，夫子行不间，是以不敢。今间矣，请问其过。"

老子曰："而（尔）睢睢盱盱，而（尔）谁与居？大白若辱，盛德若不足。"

阳子居蹴然变容曰："敬闻命矣！"

其往也，舍者迎将，其家公执席，妻执巾栉，舍者避席，炀者避灶。其反也，舍者与之争席矣。（《杂篇·寓言》）

以本为精，以物为粗，以有积为不足，澹然独与神明居，古之道术有在于是者。关尹、老聃闻其风而悦之，建之以常无有，主之以太一，以濡弱谦下为表，以空虚不毁万物为实。

关尹曰："在己无居，形物自著。其动若水，其静若镜，其应若响。芴（惚）乎若亡，寂乎若清。同焉者和，得焉者失。未尝先人，而常随人。"

老聃曰："知其雄，守其雌，为天下溪；知其白，守其辱，为天下谷。"人皆取先，己独取后，曰受天下之垢；人皆取实，己独取虚，无藏也，故有余，岿然而有余。其行身也，徐而不费，无为也而笑巧。人皆求福，己独曲全，曰苟免于咎。以深为根，以约为纪，曰坚则毁矣，锐则挫矣。常宽容于物，不削于人。可谓至极。关尹、老聃乎！古之博大真人哉！（《杂篇·天下》）

（二）老莱子

老莱子之弟子出〔取〕薪，遇仲尼，反以告，曰："有人于彼，脩上而趋下，末偻而后耳，视若营四海，不知其谁氏之子。"

老莱子曰："是丘也，召而来。"

仲尼至。曰:"丘!去汝躬矜,与汝容知,斯为君子矣。"

仲尼揖而退,蹙然改容而问曰:"业可得进乎?"

老莱子曰:"夫不忍一世之伤而骛万世之患,抑固窭邪,亡其略弗及邪?惠以欢为骛,终身之丑,中民之行进焉耳,相引以名,相结以隐。与其誉尧而非桀,不如两忘而闭其所非誉。反无非伤也,动无非邪也。圣人踌躇以兴事,以每(谋)成功。奈何哉其载焉终矜尔?"(《杂篇·外物》)

二 其他古书中的老子和老莱子

(一)老子(李耳、老聃)

老子者,楚苦县厉乡曲仁里人也,姓李氏,名耳,字聃,周守藏室之史也。

孔子适周,将问礼于老子。老子曰:"子所言者,其人与骨皆已朽矣,独其言在耳。且君子得其时则驾,不得其时则蓬累而行。吾闻之,良贾深藏若虚,君子盛德,容貌若愚。去子之骄气与多欲,态色与淫志,是皆无益于子之身。吾所以告子,若是而已。"孔子去,谓弟子曰:"鸟,吾知其能飞;鱼,吾知其能游;兽,吾知其能走。走者可以为罔,游者可以为纶,飞者可以为矰。至于龙吾不能知,其乘风云而上天。吾今日见老子,其犹龙邪!"

老子脩道德,其学以自隐无名为务。居周久之,见周之衰,乃遂去。至关,关令尹喜曰:"子将隐矣,彊为我著书。"于是老子乃著书上下篇,言道德之意五千余言而去,莫知其所终。

或曰:老莱子亦楚人也,著书十五篇,言道家之用,与孔子同时云。

盖老子百有六十余岁,或言二百余岁,以其脩道而养寿也。

自孔子死之后百二十九年,而史记周太史儋见秦献公曰:"始秦与周合,合五百岁而离,离七十岁而霸王者出焉。"或曰儋即老子,或曰非也,世莫知其然否。老子,隐君子也。

老子之子名宗,宗为魏将,封于段干。宗子注,注子宫,宫玄孙假,假仕于汉孝文帝。而假之子解为胶西王太傅,因家于齐焉。

世之学老子者则绌儒学,儒学亦绌老子。"道不同不相为谋",岂谓是邪?李耳无为自化,清静自正。(《史记·老子韩非列传》)

案:司马迁所述老子世系,其子孙传至汉文帝,只有八代,世数太少。

鲁南宫敬叔言鲁君曰:"请与孔子适

周。"鲁君与之一乘车，两马，一竖子俱，适周问礼，盖见老子云。辞去，而老子送之曰："吾闻富贵者送人以财，仁人者送人以言。吾不能富贵，窃仁人之号，送子以言，曰：'聪明深察而近于死者，好议人者也。博辩广大危其身者，发人之恶者也。为人子者毋以有己，为人臣者毋以有己。'"孔子自周反于鲁，弟子稍益进焉。（《史记·孔子世家》）

案：孔子适周，在孔子34岁，即公元前518年。

其后二十余年，高帝过赵，问："乐毅有后世乎？"对曰："有乐叔。"高帝封之乐卿，号曰华成君。华成君，乐毅之孙也。而乐氏之族有乐瑕公、乐臣公，赵且为秦所灭，亡之齐高密。乐臣公善修黄帝、老子之言，显闻于齐，称贤师。

太史公曰：始齐之蒯通及主父偃读乐毅之报燕王书，未尝不废书而泣也。乐臣公学黄帝、老子，其本师号曰河上丈人，不知其所出。河上丈人教安期生，安期生教毛翕公，毛翕公教乐瑕公，乐瑕公教乐臣公，乐臣公教盖公。盖公教于齐高密、胶西，为曹相国师。（《史记》卷八十一）

李耳无为自化，清净自正；韩非揣事情，循执理。作《老子韩非列传》第三。（《史记·太史公自序》）

《老子邻氏经传》四篇。（姓李，名耳，邻氏传其学。）

《老子傅氏经说》三十七篇。（述老子学。）

《老子徐氏经说》六篇。（字少季，临淮人，传《老子》。）

刘向《说老子》四篇。

《文子》九篇。（老子弟子，与孔子并时，而称周平王问，似依托者也。）

《蜎子》十三篇。（名渊，楚人，老子弟子。）

《关尹子》九篇。（名喜，为关吏，老子过关，喜去吏而从之。）（《汉书·艺文志·诸子略》道家）

曾子问曰："古者师行，必以迁庙主行乎？"孔子曰："天子巡守，以迁庙主行，载于齐车，言必有尊也。今也，取七庙之主以行，则失之矣。当七庙五庙无虚主。虚主者，唯天子崩，诸侯薨与去其国，与祫祭于主，为无主耳。吾闻诸老聃曰：'天子崩，国君薨，则祝取群庙之主而藏诸祖庙，礼也。卒哭成事而后，主各反其庙。君去其国，大宰取群庙之主以从，礼也。祫祭于祖，则祝迎四庙之主。主，出庙入庙必跸。'老聃云。"（《礼记·曾子问》）

曾子问曰:"葬引至于堩,日有食之,则有变乎?且不乎?"

孔子曰:"昔者吾从老聃,助葬于巷党,及堩,日有食之,老聃曰:'丘!止柩,就道右,止哭以听变。'既明,反而后行。曰:'礼也。'反葬,而丘问之曰:'夫柩不可以反者也,日有食之,不知其已之迟数,则岂如行哉?'老聃曰:'诸侯朝天子,见日而行,逮日而舍,奠;大夫使,见日而行,逮日而舍。夫柩不蚤出,不莫宿。见星而行者,唯罪人与奔父母之丧者乎?日有食之,安知其不见星也。且君子行礼,不以人之亲痁患。'吾闻诸老聃云。"(同上)

曾子问曰:"下殇,土周葬于园,遂舆机而往,途迩故也。今墓远,则其葬也如之何?"

孔子曰:"吾闻诸老聃曰:'昔者史佚有子而死,下殇也。墓远,召公谓之曰:何以不棺敛于宫中?史佚曰:吾敢乎哉?召公言于周公,周公曰:岂不可?史佚行之。下殇用棺衣棺,自史佚始也。'"(同上)

子夏问曰:"三年之丧卒哭,金革之事无辟也者,礼与?初有司与?"

孔子曰:"夏后氏三年之丧,既殡而致事,殷人既葬而致事。《记》曰:君子不夺人之亲,亦不可夺亲也,此之谓乎?"

子夏曰:"金革之事无辟也者,非与?"

孔子曰:"吾闻诸老聃曰:'昔者鲁公伯禽有为为之也。今以三年之丧,从其利者,吾弗知也!'"(同上)

万物为道一偏,一物为万物一偏,愚者为一物一偏,而自以为知道,无知也。慎子有见于后,无见于先;老子有见于诎,无见于信;墨子有见于齐,无见于畸;宋子有见于少,无见于多。有后而无先,则群众无门;有诎而无信,则贵贱不分;有齐而无畸,则政令不施;有少而无多,则群众不化。《书》曰:"无有作好,遵王之道;无有作恶,遵王之路。"此之谓也。(《荀子·天论》)

天下非一人之天下也,天下之天下也。阴阳之和,不长一类;甘露时雨,不私一物;万民之主,不阿一人。

伯禽将行,请所以治鲁。周公曰:"利而勿利也。"

荆人有遗弓者,而不肯索,曰:"荆人遗之,荆人得之,又何索焉?"孔子闻之曰:"去其'荆'而可矣。"老聃闻之曰:"去其'人'而可矣。"故老聃则至公矣。天地大矣,生而弗子,成而弗有,万物皆被其泽,得其利,而莫知其所由始。此三皇五帝之德也。"(《吕氏春秋·贵公》)

非独国有染也。孔子学于老聃、孟苏夔、靖叔。鲁惠公使宰让请郊庙之礼于天子，桓王使史角往，惠公止之。其后在于鲁，墨子学焉。此二士者，无爵位以显人，无赏禄以利人。举天下之显荣者，必称此二士也。皆死久矣，从属弥众，弟子弥丰，充满天下。王公大人从而显之；有爱子弟者，随而学焉，无时乏绝。子贡、子夏、曾子学于孔子，田子方学于子贡，段干木学于子夏，吴起学于曾子；禽滑釐学于墨子，许犯学于禽滑釐，田系学于许犯。孔墨之后学显荣于天下者众矣，不可胜数，皆所染者得当也。(《吕氏春秋·当染》)

…………
解在乎齐人之欲得金也，及秦墨者之相妒也，皆有所乎尤也。老聃则得之矣，若植木而立乎独，必不合于俗，则何可扩矣。(《吕氏春秋·去尤》)

老耽贵柔……(《吕氏春秋·不二》)

……桓公、管仲虽善匿，弗能隐矣。故圣人听于无声，视于无形。詹何、田子方、老耽是也。(《吕氏春秋·重言》)

老子曰："<u>虽贵，必以贱为本；虽高，必以下为基。是以侯王称孤、寡、不穀，是其贱之本与？</u>"(《战国策·齐四》)

《老子》曰："<u>圣人无积，尽以为人己愈有，既以与人己愈多。</u>"(《战国策·魏一》)

杨朱南之沛，老聃西游于秦，邀于郊。至梁而遇老子。老子中道仰天而叹曰："始以汝为可教，今不可教也。"

杨朱不答。至舍，进涫漱巾栉，脱履户外，膝行而前，曰："向者夫子仰天而叹曰：'始以汝为可教，今不可教。'弟子欲请夫子辞，行不间，是以不敢。今夫子间矣，请问其过。"

老子曰："而（尔）睢睢，而（尔）盱盱，而（尔）谁与居？<u>大白若辱，盛德若不足。</u>"

杨朱蹴然变容曰："敬闻命矣！"

其往也，舍迎将家，公执席，妻执巾栉；舍者避席，炀者避灶。其反也，舍者与之争席矣。(《列子·黄帝》)

天下有常胜之道，有不常胜之道。常胜之道曰柔，常不胜之道曰彊。二者亦知。而人未之知。故上古之言：彊，先不己若者；柔，先出于己者。先不己若者，至于若己，则殆矣。先出于己者，亡所殆矣。以此胜一身若徒，以此任天下若徒，谓不胜而自胜，不任而自任也。粥子曰："欲刚，必以柔守之；欲彊，必以弱保之。积于柔必刚，积于弱必彊。观其所积，以知祸福之乡。彊胜不若己，至于若己者刚；柔胜出于己者，其力不可量。"

老聃曰："兵彊则灭，木彊则折。柔弱者生之徒，坚强者死之徒。"（同上）

老成子学幻于尹文先生，三年不告。老成子请其过而求退。

尹文先生揖而进之于室。屏左右而与之言曰："昔老聃之徂西也，顾而告予曰：有生之气，有形之状，尽幻也。造化之所始，阴阳之所变者，谓之生，谓之死。穷数达变，因形移易者，谓之化，谓之幻。造物者其巧妙，其功深，固难穷难终。因形者其巧显，其功浅，故随起随灭。知幻化之不异生死也，始可与学幻矣。吾与汝亦幻也，奚须学哉？"

老成子归，用尹文先生之言深思三月，遂能存亡自在，憣校四时；冬起雷，夏造冰。飞者走，走者飞。终身不箸其术，故世莫传焉。

子列子曰："善为化者，其道密庸，其功同人。五帝之德，三王之功，未必尽智勇之力，或由化而成。孰测之哉？"（《列子·周穆王》）

秦人逢氏有子，少而惠，及壮而有迷罔之疾。闻歌以为哭，视白以为黑，飨香以为朽，尝甘以为苦，行非以为是；意之所之，天地、四方，水火、寒暑，无不倒错者焉。杨氏告其父曰："鲁之君子多术艺，将能已乎？汝奚不访焉？"

其父之鲁，过陈，遇老聃，因告其子之证。

老聃曰："汝庸知汝子之迷乎？今天下之人皆惑于是非，昏于利害。同疾者多，固莫有觉者。且一身之迷不足倾一家，一家之迷不足倾一乡，一乡之迷不足倾一国，一国之迷不足倾天下。天下尽迷，孰倾之哉？向使天下之人其心尽如汝子，汝则反迷矣。哀乐、声色、臭味、是非，孰能正之？且吾之此言未必非迷，而况鲁之君子迷之邮者，焉能解人之迷哉？荣汝之粮，不若遄归也。"（同上）

陈大夫聘鲁，私见叔孙氏。

叔孙氏曰："吾国有圣人。"

曰："非孔丘邪？"

曰："是也。"

"何以知其圣乎？"

叔孙氏曰："吾常闻之颜回曰：'孔丘能废心而用形。'"

陈大夫曰："吾国亦有圣人，子弗知乎？"

曰："圣人孰谓？"

曰："老聃之弟子有亢仓子者，得聃之

道，能以耳视而目听。"

鲁侯闻之大惊，使上卿厚礼而致之。

亢仓子应聘而至。鲁侯卑辞请问之。

亢仓子曰："传之者妄。我能视听不用耳目，不能易耳目之用。"

鲁侯曰："此增异矣。其道奈何？寡人终愿闻之。"

亢仓子曰："我体合于心，心合于气，气合于神，神合于无。其有介然之有，唯然之音，虽远在八荒之外，近在眉睫之内，来干我者，我必知之。乃不知是我七孔四支之所觉，心腹六藏（脏）之知，其自知而已矣。"

鲁侯大悦。他日以告仲尼，仲尼笑而不答。（《列子·仲尼》）

生非贵之所能存，身非爱之所能厚；生亦非贱之所能夭，身亦非轻之所能薄。故贵之或不生，贱之或不死；爱之或不厚，轻之或不薄。此似反也，非反也；此自生自死，自厚自薄。或贵之而生，或贱之而死；或爱之而厚，或轻之而薄。此似顺也，非顺也；此亦自生自死，自厚自薄。

鬻熊语文王曰："自长非所增，自短非所损。算之所亡若何？"

老聃语关尹曰："天之所恶，孰知其故？"言迎天意，揣利害，不如其已。（《列子·力命》）

杨朱曰："伯成子高不以一毫利物，舍国而隐耕。大禹不以一身自利，一体偏枯。古之人损一毫利天下不与也，悉天下奉一身不取也。人人不损一毫，人人不利天下，天下治矣。"

禽子问杨朱曰："去子体之一毛以济一世，汝为之乎？"

杨子曰："世固非一毛之所济。"

禽子曰："假济，为之乎？"

杨子弗应。

禽子出语孟孙阳。孟孙阳曰："子不达夫子之心，吾请言之。有侵苦肌肤获万金者，若为之乎？"

曰："为之。"

孟孙阳曰："有断若一节得一国。子为之乎？"

禽子默然有间。

孟孙阳曰："一毛微于肌肤，肌肤微于一节，省矣。然则积一毛以成肌肤，积肌肤以成一节。一毛固一体万分中之一物，奈何轻之乎？"

禽子曰："吾不能所以答子。然则以子之言问老聃、关尹，则子言当矣；以吾言问大禹、墨翟，则吾言当矣。"

孟孙阳因顾与其徒说他事。（《列子·杨朱》）

杨朱曰："丰屋美服，厚味姣色，有此

四者，何求于外？有此而求外者，无厌之性。无厌之性，阴阳之蠹也。忠不足以安君，适足以危身；义不足以利物，适足以害生。安上不由于忠，而忠名灭焉；利物不由于义，而义名绝焉。君臣皆安，物我兼利，古之道也。鹖子曰：'去名者无忧。'老子曰：'名者实之宾。'而悠悠者趋名不已。名固不可去？名固不可宾邪？今有名则尊荣，亡名则卑辱。尊荣则逸乐，卑辱则忧苦。忧苦，犯性者也；逸乐，顺性者也。斯实之所系矣。名胡可去？名胡可宾？但恶夫守名而累实。守名而累实，将恤危亡之不救，岂徒逸乐忧苦之间哉？"（同上）

老子学商容，见舌而知守柔矣。（《淮南子·缪称》）

案："商容"即下"常摐"。

常摐有疾，老子往问焉，曰："先生疾甚矣，无遗教可以语诸弟子者乎？"

常摐曰："子虽不问，吾将语子。"

常摐曰："过故乡而下车，子知之乎？"

老子曰："过故乡而下车，非谓其不忘故耶？"

常摐曰："嘻！是已。"

常摐曰："过乔木而趋，子知之乎？"

老子曰："过乔木而趋，非谓其敬老耶？"

常摐曰："嘻！是已。"

张其口而示老子曰："吾舌存乎？"

老子曰："然。"

"吾齿存乎？"

老子曰："亡！"

常摐曰："子知之乎？"

老子曰："夫舌之存也，岂非以其柔耶？齿之亡也，岂非以其刚耶？"

常摐曰："嘻！是已。天下之事已尽矣，无以复语子哉！"（《说苑·敬慎》）

案："常摐"，亦作"常从"（《汉书·艺文志·数术略》有《常从日月星气》）。按照此类传说，老子舌齿之教是出于常摐。

韩平子问于叔向曰："刚与柔孰坚？"

对曰："臣年八十矣，齿再堕而舌尚存。老聃有言曰：'天下之至柔，驰骋乎天下之至坚。'又曰：'人之生也柔弱，其死也刚强；万物草木之生也柔脆，其死也枯槁。因此观之，柔弱者，生之徒也；刚强者，死之徒也。'夫生者毁而必复，死者破而愈亡，吾是以知柔之坚于刚也。"

平子："善哉！然则子之行何从？"

叔向曰："臣亦柔耳，何以刚为。"

平子："柔无乃脆乎？"

叔向曰："柔者纽而不折，廉而不缺，何为脆也！天之道，微者胜。是以两军相加，而柔者克之；两仇争利，而弱者得焉。

《易》曰：'天道亏满而益谦，地道变满而流谦，鬼神害满而福谦，人道恶满而好谦。'夫怀谦不足之柔弱，而四道者助之，则安往而不得其志乎？"平子曰："善！"（同上）

案：叔向之对，是据老子。

仲尼问老聃曰："甚矣，道之于今难行也。吾比执道委质以当世之君，而不我受也。道之于今难行也。"老子曰："夫说者流于听，言者乱于辞，如此二者，则道不可委矣。"（《说苑·反质》）

又曰：商容，不知何许人也，有疾。
老子曰："先生无遗教以告弟子乎？"
容曰："将语子，过故乡而下车，知之乎？"
老子曰："非谓不忘故耶？"
容曰："过乔木而趋，知之乎？"
老子曰："非谓其敬老耶？"
容张口曰："吾舌存乎？"
曰："存。"
曰："吾齿存乎？"
曰："亡。"
"知之乎？"
老子曰："非谓其刚亡而弱存乎？"
容曰："嘻，天下事尽矣。"（《太平御览》卷五〇九）

案：《高士传》此节，有片断存于《艺文类聚》卷三四。这里值得注意的是，舌齿之喻，也见于下《战国策》、《孔子家语》，却是老莱子教孔子、子思。鲁迅的小说《出关》也提到这个比喻，又变成老子教庚桑楚（《鲁迅全集》，第2卷，北京：人民文学出版社，1956年，390—391页）。

（二） 老莱子

刘向《别录》曰：老莱子，古之寿者。（《文选》卷一一孙兴公《游天台山赋》李善注引）

《老莱子》十六篇。（楚人，与孔子同时。）（《汉书·艺文志·诸子略》道家）

案：《史记·老子韩非列传》作十五篇。此书久佚，西汉以后无著录，罕见引用。前人所作辑本，很多只是和老莱子有关的传说，未必出自《老莱子》。

孔子曰：……德恭而行信，终日言，不在尤之内，在尤之外，贫而乐也，盖老莱子之行也。（《大戴礼·卫将军文子》）

案：此文提到11个德行高尚的人，其中6人，桐提伯华、蘧伯玉、柳下惠、晏平仲、老莱子、介山子推是司马迁说"孔子之所严事"（《史记·仲尼弟子列传》）。另外5人，为伯夷、叔齐、羊舌大夫、赵文子、随武子。

或谓黄齐曰："人皆以谓公不善于富挚。公不闻老莱子之教孔子事君乎？示之其齿，曰：齿之坚也，六十而尽，相靡也。今富挚能而公重不相善也，是两尽也。谚曰：'见君之乘，下之；见杖，起之。'今也，王爱富挚而公不善也，是不臣也。"（《战国策·楚四》）

案：这里的齿舌之喻，是老莱子教孔子。

子思见老莱子，老莱子闻穆公将相子思。

老莱子曰："若子事君，将何以为乎？"

子思曰："顺吾性情，以道辅之，无死亡焉。"

老莱子曰："不可顺子之性也。子性惟太刚，而傲不肖，且又无所死亡，非人臣也。"

子思曰："不肖，故（固）为人之所傲也。夫事君，道行言听，则何所死亡？道不行，言不听，则亦不能事君，所谓无死亡也。"

老莱子曰："子不见夫齿乎，齿坚刚，卒尽相摩（磨），舌柔顺，终以不弊。"

子思曰："吾不能为舌，故不能事君。"

(《孔丛子·抗志》）

案：这里的齿舌之喻，是老莱子教子思。我们从舌齿之喻的几段引文看，老莱子和老子应该是同一人。

老莱子曰："人生于天地之间，寄也。寄者，固归也。"（汪继培辑《尸子》卷下）

或曰：老莱子亦楚人也，著书十五篇，言道家之用，与孔子同时云。（《史记·老子韩非列传》）

孔子之所严事：于周则老子；于卫，蘧伯玉；于齐，晏平仲；于楚，老莱子；于郑，子产；于鲁，孟公绰。数称臧文仲、柳下惠、铜鞮伯华、介山子然，孔子皆后之，不并世。（《史记·仲尼弟子列传》）

案：蘧伯玉、晏平仲、老莱子、柳下惠、铜鞮伯华、介山子然，见《大戴礼·卫将军文子》。《吕氏春秋·当染》说"孔子学于老聃、孟苏夔、靖叔"，老聃即此老子，孟苏夔，或以为即孟公绰。

老莱子耕于蒙山之阳，著书十五篇，言道家之事，织畚为业。（《宋书》卷六十七）

楚老莱子之妻也。莱子逃世，耕于蒙山

之阳。葭墙蓬室，木床蓍席，衣缊食菽，垦山播种。人或言之楚王曰："老莱，贤士也。"王欲聘以璧帛，恐不来，楚王驾至老莱之门。

老莱方织畚，王曰："寡人愚陋，独守宗庙，愿先生幸临之。"

老莱子曰："仆山野之人，不足守政。"

王复曰："守国之孤，愿变先生之志。"

老莱子曰："诺。"

王去，其妻戴畚莱挟薪樵而来，曰："何车迹之众也？"

老莱子曰："楚王欲使吾守国之政。"

妻曰："许之乎？"

曰："然。"

妻曰："妾闻之：可食以酒肉者，可随以鞭（捶）〔棰〕。可授以官禄者，可随以铁钺。今先生食人酒肉，授人官禄，为人所制也。能免于患乎！妾不能为人所制，投其畚莱而去。"

老莱子曰："子还，吾为子更虑。"

遂行不顾，至江南而止，曰："鸟兽之解毛，可绩而衣之。据其遗粒，足以食也。"老莱子乃随其妻而居之。民从而家者一年成落，三年成聚。君子谓老莱妻果于从善。诗曰："衡门之下，可以栖迟，泌之洋洋，可以疗饥。"此之谓也。

颂曰：老莱与妻，逃世山阳。蓬蒿为室，莞葭为盖。楚王聘之，老莱将行。妻曰世乱，乃遂逃亡。（《列女传·贤明传》楚老莱妻）

案：同一故事也见于下皇甫谧《高士传》佚文。

《高士传》曰：老莱子隐于蒙山之阳，以〔藋〕葭为盖，蓬〔蒿〕为室，歧（支）木为床，（者）〔荐〕艾为席，衣缊，饮水〔食菽〕，垦山播植。

楚王亲至其门，方织畚。（至）〔王〕去有间，其妻戴畚莱挟薪而至，问车马迹之多。

答曰："楚王。"

妻曰："可食以酒肉者，可加以鞭（捶）〔棰〕；可授以官禄者，可随以铁钺。先生受人官禄，为人所制；妾不能为人所制者。"

妻乃畚莱而去也。（《太平御览》卷四二引）

（皇甫士安《高士传》）又曰：老莱子者，楚公室乱，逃世，耕于蒙山之阳。蓬蒿为室，枝（支）（杖）〔木〕于床，饮水食菽，垦山播种。人或言于楚王，王于是驾至莱子之门。

莱子方织畚，王曰："守国之政，孤愿烦先生。"

老莱子曰："诺。"

王去，其妻樵还，曰："子许之乎？"

老莱子曰："然。"

妻曰："妾闻之，可食以酒肉者，可随而鞭棰；夫可（拟）〔授〕以官禄者，可随而铁钺。妾不能为人所制者！"

妻投其畚而去。老莱子亦随其妻，至于河南。以莱子为老，人莫知其所终也。（《太平御览》卷五〇六引）

案：以上两条是皇甫谧《高士传》的佚文。同书引文的片断，又见于《艺文类聚》卷六九，《初学记》卷一八、卷二五，《太平御览》卷四七四、卷四八五、卷七〇六、七〇九等书引用。

《列女传》曰：老莱子孝养二亲，行年七十，婴儿自娱，著五色采衣，尝取浆上堂，跌仆，因卧地为小儿啼，或弄乌鸟于亲侧。（《艺文类聚》卷二〇引）

案：同一故事也见于下师觉授《孝子传》佚文。

师觉授《孝子传》曰：老莱子者，楚人。行年七十，父母俱存，至孝蒸蒸。常着班（斑）兰（斓）之衣，为亲取饮。上堂脚胅（跌），恐伤父母之心，因僵仆为婴儿啼。孔子曰："父母老，常言不称老，为其伤老也。"若老莱子，可谓不失孺子之心矣。（《太平御览》卷四一三引）

案：《初学记》卷一七、《太平御览》卷六八九引略同。

三 《史记》中的周太史儋

烈王二年，周太史儋见秦献公曰："始周与秦国合而别，别五百载复合，合十七岁而霸王者出焉。"（《史记·周本纪》）

案：周烈王二年为公元前374年。"始周与秦国合"，是指周、秦同处雍州的西周时期；"而别"，是指公元前770年平王东迁。"别五百载复合"，是指公元前255年秦庄襄王灭西周（据《史记·六国年表》），上距公元前770年，计515年。"合十七岁而霸王者出焉"，是指公元前238年，秦王政诛嫪毐，正式亲政。

（秦献公）十一年，周太史儋见献公曰："周故与秦国合而别，别五百岁复合，合十七岁而霸王出。"（《史记·秦本纪》）

案：秦献公十一年为公元前374年。

后四十八年，周太史儋见秦献公曰："秦始与周合，合而离，五百岁当复合，合十七年而霸王出焉。"（《史记·封禅书》）

案："后四十八年",是从秦灵公三年(前422年)作吴阳上下畤(见《史记·六国年表》)到周烈王二年、秦献公十一年(前374年)。

自孔子死之后百二十九年,而史记周太史儋见秦献公曰:"始秦与周合,合五百岁而离,离七十岁而霸王者出焉。"(《史记·老子韩非列传》)

案:"自孔子死之后百二十九年",年数有误。孔子卒于公元前479年,至此只有106年。"史记周太史儋见秦献公",疑出《秦记》。"七十岁"为"十七岁"之误。

附录二 《韩非子》的《解老》、《喻老》篇

（划线处为《老子》引文）

解老第二十

1. 德者，内也。得者，外也。"<u>上德不德</u>"，言其神不淫于外也。神不淫于外则身全，身全之谓得。德者，得身也。凡德者，以无为集，以无欲成，以不思安，以不用固。为之欲之则德无舍，德无舍则不全。用之思之则不固，不固则无功，无功则生于德。德则无德，不德则（在）有德，故曰"<u>上德不德，是以有德</u>"。

所以贵无为无思为虚者，谓其意无所制也。夫无术者，故以无为无思为虚也。夫故以无为无思为虚者，其意常不忘虚，是制于为虚也。虚者，谓其意（所无）〔无所〕制也。今制于为虚，是不虚也。虚者之无为也，不以无为为有常。不以无为为有常则虚，虚则德盛，德盛之为上德，故曰"<u>上德无为而无不为也</u>"。

仁者，谓其中心欣然爱人也。其喜人之有福，而恶人之有祸也；生心之所不能已也，非求其报也，故曰"<u>上仁为之而无以为也</u>"。

义者，君臣上下之事，父子贵贱之差也，知交朋友之接也，亲疏内外之分也。臣事君宜，下怀上〔宜〕，子事父宜，（众）〔贱〕敬贵宜，知交友朋之相助也宜，亲者内而疏者外宜。义者，谓其宜也。宜而为之，故曰"<u>上义为之而有以为也</u>"。

礼者，所以（情貌）〔貌情〕也，群义之文章也，君臣父子之交也，贵贱贤不肖之所以别也。中心怀而不谕，（其）〔故〕疾趋卑拜（而）〔以〕明之。实心爱而不知，故好言繁辞以信之。礼者，外（节）〔饰〕之

所以谕内也。故曰：礼以（情貌）〔貌情〕也。凡人之为外物动也，不知其为身之礼也。众人之为礼也，以尊他人也，故时劝时衰。君子（以）〔之〕为礼，以为其身；以为其身，故神之为上礼；上礼神而众人贰，故不能相应；不能相应，故曰"上礼为之而莫之应"。众人虽贰，圣人之复恭敬尽手足之礼也不衰，故曰"攘臂而仍之"。

道有积而（德）〔积〕有功。德者，道之功。功有实而实有光。仁者，德之光。光有泽而泽有事。义者，仁之事也。事有礼而礼有文。礼者，义之文也。故曰"失道而后失德，失德而后失仁，失仁而后失义，失义而后失礼"。

礼为情貌者也，文为质饰者也。夫君子取情而去貌，好质而恶饰。夫恃貌而论情者，其情恶也；须饰而论质者，其质衰也。何以论之？和氏之璧不饰以五采，隋侯之珠不饰以银黄。其质至美，物不足以饰之。夫物之待饰而后行者，其质不美也。是以父子之间，其礼朴而不明，故曰"礼，薄也"。凡物不并盛，阴阳是也；理相夺予，威德是也；实厚者貌薄，父子之礼是也。由是观之，礼繁者，实心衰也。然则为礼者，事通人之朴心者也。众人之为礼也，人应则轻欢，不应则责怨。今为礼者事通人之朴心，而资之以相责之分，能毋争乎？有争则乱，故曰"夫礼者，忠信之薄也，而乱之首乎"。

先物行先理动之谓前识。前识者，无缘而忘（妄）意度也。何以论之？詹何坐，弟子侍，〔有〕牛鸣于门外。弟子曰："是黑牛也而白〔在其〕题。"詹何曰："然，是黑牛也，而白在其角。"使人视之，果黑牛而以布裹其角。以詹子之术，婴众人之心，华焉殆矣！故曰"道之华也"。尝试释詹子之察，而使五尺之愚童子视之，亦知其黑牛而以布裹其角也。故以詹子之察，苦心伤神，而后与五尺之愚童子同功，是以曰"愚之首也"，故曰"前识者，道之华也，而愚之首也"。

所谓"大丈夫"者，谓其智之大也。所谓"处其厚不处其薄"者，行情实而去礼貌也。所谓"处其实不处其华"者，必缘理而不径绝也。所谓"去彼取此"者，去貌径绝而取缘理好情实也，故曰"去彼取此"。（今38）

2. 人有祸则心畏恐，心畏恐则行端直，行端直则思虑熟，思虑熟则得事理。行端直则无祸害，无祸害则尽天年。得事理则必成功，尽天年则全而寿。必成功则富与贵，全寿富〔贵〕之谓福。而福本有祸，故曰"祸兮福之所倚"，以成其功也。

人有福则富贵至，富贵至〔则〕衣食美，衣食美则骄心生，骄心生则〔行〕邪僻而动弃理。行邪僻则身死夭，动弃理则无成功。夫内有死夭之难，而外无成功之名者，大祸也。而祸本生于有福，故曰"<u>福兮祸之所伏</u>"。

夫缘道理以从事者，无不能成。无不能成者，大能成天子之势尊，而小易得卿相将军之赏禄。夫弃道理而妄举动者，虽上有天子诸侯之势尊，而（天）下有依顿、陶朱卜祝之富，犹失其民人而亡其财资也。众人之轻弃道理而易妄举动者，不知其祸福之深大而道阔远若是也，故谕人曰"<u>孰知其极</u>"？

人莫不欲富贵全寿，而未有能免于贫贱死夭之祸也。心欲富贵全寿，而今贫贱死夭，是不能至于其所欲至也。凡失其所欲之路而妄行者之谓迷，迷则不能至于其所欲至矣。今众人之不能至于其所欲至，故曰"迷"。众人之所不能至于其所欲至也，自天地之剖判以至于今，故曰"<u>人之迷也，其日故（固）以久矣</u>"。

所谓方者，内外相应也，言行称称也。所谓廉者，必生死之命也，轻恬资财也。所谓直者，义必公正，（公）心不偏党也。所谓光者，官爵尊贵，衣裘壮丽也。今有道之士，虽中外信顺，不以诽谤穷堕（随）；虽死节轻财，不以侮罢羞贪；虽义端不党，不以去邪罪私；虽势尊衣美，不以夸贱欺贫。其故何也？使失路者而肯听习问知，即不成迷。今众人之所以欲成功而反为败者，生于不知道理而不肯问知而听能。众人不肯问知听能，而圣人强以其祸败适（谪）之，则怨。众人多而圣人寡，寡之不胜众，数也。今举动而与天下为仇，非全身长生之道也，是以行轨节而举之也，故曰"<u>方而不割，廉而不刿，直而不肆，光而不耀</u>"。（今58）

3. 聪明睿智，天也；动静思虑，人也。人也者，乘于天明以视，寄于天聪以听，托于天智以思虑。故视强则目不明，听甚则耳不聪，思虑过度则智识乱。目不明，则不能决黑白之分；耳不聪，则不能别清浊之声；智识乱，则不能审得失之地。目不能决黑白之色，则谓之盲；耳不能别清浊之声，则谓之聋；心不能审得失之地，则谓之狂。盲则不能避昼日之险，聋则不能知雷霆之害，狂则不能免人间法令之祸。书之所谓"<u>治人</u>"者，适动静之节，省思虑之费也；所谓"<u>事天</u>"者，不极聪明之力，不尽智识之任。苟极尽则费神多，费神多则盲聋悖狂之祸至，是以啬之。啬之者，爱其精神，啬其智识也，故曰"<u>治人事天莫如啬</u>"。

众人之用神也躁，躁则多费，多费之谓侈。圣人之用神也静，静则少费，少费之谓啬。啬之谓术也，生于道理。夫能啬也，是从于道而服于理者也。众人离于患，陷于祸，犹未知退，而不服从道理。圣人虽未见祸患之形，虚无服从于道理，以称早服，故曰"夫谓啬，是以早服"。

知治人者，其思虑静；知事天者，其孔窍虚。思虑静，故德不去；孔窍虚，则和气日入，故曰"重积德"。夫能令故德不去，新和气日至者，早服者也，故曰"早服是谓重积德"。积德而后神静，神静而后和多，和多而后计得，计得而后能御万物，能御万物则战易胜敌，战易胜敌而论必盖世，论必盖世，故曰"无不克"。无不克本于重积德，故曰"重积德则无不克"。战易胜敌，则兼有天下；论必盖世，则民人从。进兼天下，而退从民人，其术远，则众人莫见其端末。莫见其端〔末〕，是以莫知其极，故曰"无不克则莫知其极"。

凡有国而后亡之，有身而后殃之，不可谓能有其国，能保其身。夫能有其国必能安其社稷，能保其身必能终其天年，而后可谓能有其国，能保其身矣。夫能有其国保其身者，必且体道。体道，则其智深；其智深，则其会远；其会远，众人莫能见其所极。唯夫能令人不见其事极，不见其事极者为能保其身，有其国。故曰"莫知其极。莫知其极，则可以有国"。

所谓"有国之母"，母者，道也；道也者，生于所以有国之术，所以有国之术，故谓之"有国之母"。夫道以与世周旋者，其建生也长，持禄也久，故曰"有国之母，可以长久"。树木有曼根，有直根。〔直〕根者，书之所谓"柢"也。柢也者，木之所以建生也；曼根者，木之所以持生也。德也者，人之所以建生也；禄也者，人之所以持生也。今建于理者，其持禄也久，故曰"深其根"。体其道者，其生日长，故曰"固其柢"。柢固则生长，根深则视久，故曰"深其根，固其柢，长生久视之道也"。（今59）

4. 工人数变业则失其功，作者数摇徙则亡其功。一人之作，日亡半日，十日则亡五人之功矣。万人之作，日亡半日，十日则亡五万人之功矣。然则数变业者其人弥众，其亏弥大矣。凡法令更则利害易，利害易则民务变，〔民〕务变〔之谓〕〔谓之〕变业。故以理观之，事大众而数摇之则少成功，藏大器而数徙之则多败伤，烹小鲜而数挠之则贼其（泽）〔宰〕，治大国而数变法则民苦之。是以有道之君贵〔虚〕静，（不）〔而〕重变法，故曰"治大国者，若烹小鲜"。

人处疾则贵医，有祸则畏鬼。圣人在上，则民少欲；民少欲，则血气治而举动理；〔举动理〕，则少祸害。夫内无痤疽瘅痔之害，而外无刑罚法诛之祸者，其轻恬鬼也甚。故曰"以道莅天下，其鬼不神"。治世之民，不与鬼神相害也，故曰"非其鬼不神也，其神不伤〔人〕也"。鬼祟也疾人之谓鬼伤人，人逐除之之谓人伤鬼也。民犯法令之谓民伤上，上刑戮民之谓上伤民。民不犯法，则上亦不行刑；上下不行刑之谓上不伤人，故曰"圣人亦不伤民"。上不与民相害，而人不与鬼相伤，故曰"两不相伤"。民不敢犯法，则上内不用刑罚，而外不事利其产业。上内不用刑罚，而外不事利其产业，则民蕃息。民蕃息而畜积盛，民蕃息而畜积盛之谓有德。凡所谓祟者，魂魄去而精神乱，精神乱则无德。鬼不祟人则魂魄不去，魂魄不去（而）〔则〕精神不乱，精神不乱之谓有德。上盛畜积而鬼不乱其精神，则德尽在于民矣。故曰"<u>两不相伤，则德交归焉</u>"。言其德上下交盛而俱归于民也。（今60）

5. 有道之君，外无怨仇于邻敌，而内有德泽于人民。夫外无怨仇于邻敌者，其遇诸侯也外有礼义；内有德泽于人民者，其治（人）〔民〕事也务本。遇诸侯有礼义则役希起，治民事务本则淫奢止。凡马之所以大用者，外供甲兵而内给淫奢也。今有道之君，外希用甲兵，而内禁淫奢。上不事马于战斗逐北，而民不以马远（淫通）〔通淫〕物，所积力唯田畴。〔积力于田畴〕，必且粪灌。故曰"<u>天下有道，却走马以粪也</u>"。

人君〔者〕无道（道），则内暴虐其民，而外侵欺其邻国。内暴虐则民产绝，外侵欺则兵数起。民产绝则畜生少，兵数起则士卒尽。畜生少则戎马乏，士卒尽则军危殆。戎马乏则（将）〔牸〕马出，军危殆则近臣役。马者，军之大用；郊者，言其近也。今所以给军之具于（将）〔牸〕马近臣，故曰"<u>天下无道，戎马生于郊矣</u>"。

人有欲则计会乱，计会乱而有欲甚，有欲甚则邪心胜，邪心胜则事经绝，事经绝则祸难生。由是观之，祸难生于邪心，邪心诱于可欲。可欲之类，进则教良民为奸，退则令善人有祸。奸起则上侵弱君，祸至则民人多伤。然则可欲之类，上侵弱君，而下伤人民。夫上侵弱君而下伤人民者，大罪也。故曰"<u>祸莫大于可欲</u>"。是以圣人不引五色，不淫于声乐；明君贱玩好而去淫丽。

人无毛羽，不衣则不犯寒；上不属天，而下不著地，以肠胃为根本，不食则不能活。是以不免于欲利之心。欲利之心不除，其身之忧也。故圣人衣足以犯寒，食足以充虚，则不忧矣。众人则不然，大为诸侯，小余千金之资，其欲得之忧不除也。胥靡有免，死罪时活，今不知足者之忧，终身不解，故曰"<u>祸莫大于不知足</u>"。

故欲利甚于忧，忧则疾生；疾生而智慧衰，智慧衰则失度量；失度量则妄举动，妄举动则祸害至；祸害至而疾婴内，疾婴内则痛，祸薄外（痛祸薄外）则苦。苦痛杂于肠胃之间，则伤人也憯，憯则退而自咎，退而自咎也生于欲利。故曰"<u>咎莫憯于欲利</u>"。

(今46)

6. 道者，万物之所然也，万理之所稽也。理者，成物之文也；道者，万物之所以成也。故曰"道，理之者也"。物有理，不可以相薄；物有理不可以相薄，故理之为物之制。万物各异理，〔万物各异理〕而道尽。稽万物之理，故不得不化；不得不化，故无常操。无常操，是以死生气禀焉，万智斟酌焉，万事废兴焉。天得之以高，地得之以藏，维斗得〔之〕以成其威，日月得〔之〕以恒其光，五常得之以常其位，列星得之以端其行，四时得之以御其变气，轩辕得之以擅四方，赤松得之与天地（统）〔终〕，圣人得之以成文章。道与尧、舜俱智，与接舆俱狂，与桀、纣俱灭，与汤、武俱昌。以为近乎，游于四极；以为远乎，常在吾侧；以为暗乎，〔其〕光昭昭；以为明乎，其物冥冥。而功约天地，和化雷霆，宇内之物，恃之以成。凡道之情，不制不形，柔弱随时，与理相应。万物得之以死，得之以生；万（物）〔事〕得之以败，得之以成。道譬诸若水，溺者多饮之即死，渴者适饮之即生；譬之若剑戟，愚人以行忿则祸生，圣人以诛暴则福成。故得之以死，得之以生，得之以败，得之以成。

人希见生象也，而得死象之骨，案其图以想其生也，故诸人之所以意想者，皆谓

之"象"也。今道虽不可得闻见，圣人执其见功以处见其形，故曰"无状之状，无物之象"。(今14)

7. 凡理者，方圆、短长、粗靡、坚脆之分也，故理定而后〔物〕可得道也。故定理有存亡，有死生，有盛衰。夫物之一存一亡，乍死乍生，初盛而后衰者，不可谓常。唯夫与天（与）地之剖判也具（俱）生，至天地之消散也不死不衰者谓"常"（者而常）。〔而常者〕，无攸易，无定理。无定理，非在于常（所），是以不可道也。圣人观其玄虚，用其周行，强字之曰"道"，然而可论。故曰"道之可道，非常道也"。(今1)

8. 人始于生而卒于死。始之谓出，卒之谓入，故曰"出生入死"。人之身三百六十节，四肢九窍，其大具也。四肢与九窍十有三者，十有三者之动静尽属于生焉。属之谓徒也，故曰"生之徒也，十有三者"。至〔其〕死也，十有三具者皆还而属之于死，死之徒亦有十三，故曰"生之徒十有三，死之徒十有三"。凡民之生生，而生者固动，动尽则损也，而动不止，是损而不止也。损而不止则生尽，生尽之谓死，则十有三具者皆为死死地也，故曰"民之生生，而动动皆之死地，(之)〔亦〕十有三"。

是以圣人爱精神而贵处静。此甚大于兕虎之害。夫兕虎有域，动静有时。避其域，省其时，则免其兕虎之害矣。民独知兕虎之有爪角也，而莫知万物之尽有爪角也，不免于万物之害。何以论之？时雨降集，旷野闲静，而以昏晨犯山川，则〔兕兕〕〔风露〕之爪角害之。事上不忠，轻犯禁令，则刑法之爪角害之。处乡不节，憎爱无度，则争斗之爪角害之。嗜欲无限，动静不节，则（虚）瘥疽之爪角害之。好用其私智而弃道理，则网罗之爪角害之。兕虎有域，而万害有原，避其域，塞其原，则免于诸害矣。凡兵革者，所以备害也。重生者，虽入军，无忿争之心，无忿争之心，则无所用救害之备。此非独谓野处之军也。圣人之游世也无害人之心，〔无害人之心〕则必无人害，无人害则不备人，故曰"陆行不遇兕虎"。入山不恃备以救害，故曰"入军不备甲兵"。远诸害，故曰"兕无所投其角，虎无所错其爪，兵无所（害）〔容〕其刃"。不设备而必无害，天地之道理也。体天地之道，故曰"无死地焉"。动无死地，而谓之"善摄生"矣。（今50）

9. 爱子者慈于子，重生者慈于身，贵功者慈于事。慈母之于弱子也，务致其福，务致其福则事除其祸，事除其祸则思虑熟，思虑熟则得事理，得事理则必成功，必成功则其行之也不疑，不疑之谓勇。圣人之于万事也，尽如慈母之为弱子虑也，故见必行之道。〔见必行之道〕则明，其从事亦不疑，不疑之谓勇。不疑生于慈，故曰"慈，故能勇"。

周公曰："冬日之闭冻也不固，则春夏之长草木也不茂。"天地不能常侈常费，而况于人乎？故万物必有盛衰，万事必有弛张，国家必有文武，官治必有赏罚。是以智士俭用其财则家富，圣人爱宝其神则精盛，人君重战其卒则民众，民众则国广，是以举之曰"俭，故能广"。

凡物之有形者，易裁也，易割也。何以论之？有形则有短长，有短长则有小大，有小大则有方圆，有方圆则有坚脆，有坚脆则有轻重，有轻重则有白黑。短长、大小、方圆、坚脆、轻重、白黑之谓理。理定而物易割也。故议于大庭而后言则立，权议之士知之矣。故欲成方圆而随其规矩，则万事之功形矣。而万物莫不有规矩。议言之士，计会规矩也。圣人尽随于万物之规矩，故曰"不敢为天下先"。不敢为天下先，则事无不事，功无不功，则议必盖世，欲无处大官，其可得乎？处大官之谓为成事长，是以故曰"不敢为天下先，故能为成事长"。

慈于子者不敢绝衣食，慈于身者不敢离法度，慈于方圆者不敢舍规矩。故临兵而慈于士吏则战胜敌，慈于器械则城坚固。故曰

"慈，于战则胜，以守则固"。夫能自全也而尽随于万物之理者，必且有天生。天生也者，生心也。故天下之道尽之生也。若以慈卫之也，事必万全，而举无不当，则谓之宝矣。故曰"吾有三宝，持而宝之"。（今69）

10. 书之所谓"大道"也者，端道也；所谓"貌施"也者，邪道也；所谓"径大"也者，佳丽也；"佳丽"也者，邪道之分也；"朝甚除"也者，狱讼繁也。狱讼繁则田荒，田荒则府仓虚，府仓虚则国贫，国贫而民俗淫侈，民俗淫侈则衣食之业绝，衣食之业绝则民不得无饰巧诈，饰巧诈则知采文，知采文之谓"服文采"。狱讼繁，仓廪虚，而有以淫侈为俗，则国之伤也，若以利剑刺之，故曰"带利剑"。诸夫饰智故以至于伤国者，其私家必富；私家必富，故曰"资货有余"。国有若是者，则愚民不得无术而效，效之则小盗生。由是观之，大奸作〔则〕小盗随，大奸唱则小盗和。竽也者，五声之长者也，故竽先则钟瑟皆随，竽唱则诸乐皆和。今大奸作则俗之民唱，俗之民唱则小盗必和，故"服文采，带利剑，厌饮食，而（货资）〔资货〕有余者，是之谓盗竽矣"。（今53）

11. 人无愚智，莫不有趋舍。恬淡平安，莫不知祸福之所由来。得于好恶，怵于淫物，而后变乱。所以然者，引于外物，乱于玩好也。恬淡有趋舍之义，平安知祸福之计。而今也玩好变之，外物引之，引之而往，故曰"拔"。至圣人不然，一建其趋舍，虽见所好之物不能引，不能引之谓"不拔"。一于其情，虽有可欲之类，神不为动，神不为动之谓"不脱"。为人子孙者体此道，以守宗庙不灭之谓"祭祀不绝"。身以积精为德，家以资财为德，乡国天下皆以民为德。今治身而外物不能乱其精神，故曰"修之身，其德乃真"。真者，慎之固也。治家〔者〕，无用之物不能动其计，则资有余，故曰"修之家，其德有余"。治乡者行此节，则家之有余者益众，故曰"修之乡，其德乃长"。治邦者行此节，则乡之有德者益众，故曰"修之邦，其德乃丰"。莅天下者行此节，则民之生莫不受其泽，故曰"修之天下，其德乃普"。修身者以此别君子小人，治乡治邦莅天下者各以此科适观息耗，则万不失一。故曰"以身观身，以家观家，〔以乡观乡〕，以邦观邦，以天下观天下。吾奚以知天下之然也？以此"。（今54）

喻老第二十一

1. 天下有道，无急患，则曰静。遽传不用，故曰："却走马以粪。"天下无道，攻击不休，相守数年不已，甲胄生虮虱，燕雀处帷幄，而兵不归，故曰"戎马生于郊"。

翟人有献丰狐、玄豹之皮于晋文公。文公受客皮而叹曰："此以皮之美自为罪。"夫治国者以名号为罪，徐偃王是也；（则）以城与地为罪，虞、虢是也，故曰"罪莫大于可欲"。

智伯兼范、中行而攻赵不已，韩、魏反之，军败晋阳，身死高梁之东，遂卒被分，漆其首以为溲器，故曰"祸莫大于不知足"。

虞君欲屈产之乘与垂棘之璧，不听宫之奇，故邦亡身死，故曰"咎莫憯于欲得"。

邦以存为常，霸王其可也；身以生为常，富贵其可也。不欲自害，则邦不亡，身不死，故曰"知足之为足矣"。（今46）

2. 楚庄王既胜，狩于河雍，归而赏孙叔敖。孙叔敖请汉间之地，沙石之处。楚邦之法，禄臣再世而收地，唯孙叔敖独在。此不以其邦为收者，瘠也，故九世而祀不绝，故曰"善建不拔，善抱不脱，子孙以其祭祀，世世不辍"，孙叔敖之谓也。（今54）

3. 制在己曰重，不离位曰静。重则能使轻，静则能使躁，故曰"重为轻根，静为躁君。故曰君子终日行，不离辎重也"。邦者，人君之辎重也。主父生传其邦，此离其辎重者也。故虽有代、云中之乐，超然已

无赵矣。主父，万乘之主，而以身轻于天下。无势之谓轻，离位之谓躁，是以生幽而死，故曰"轻则失臣，躁则失君"，主父之谓也。（今26）

4. 势重者，人君之渊也。君人者，势重于人臣之间，失则不可复得也。简公失之于田成，晋公失之于六卿，而邦亡身死，故曰"鱼不可脱于深渊"。赏罚者，邦之利器也，在君则制臣，在臣则胜君。君见赏，臣则损之以为德；君见罚，臣则益之以为威。人君见赏，而人臣用其势；人君见罚，而人臣乘其威，故曰"邦之利器，不可以示人"。

越王入宦于吴，而观之伐齐以弊吴。吴兵既胜齐人于艾陵，张之于江、济，强之于黄池，故可制于五湖，故曰"将欲翕之，必固张之；将欲弱之，必固强之"。晋献公将欲袭虞，遗之以璧马；知伯将袭仇由，遗之以广车，故曰"将欲取之，必固与之"。起事于无形，而要大功于天下，是谓微明。处小弱而重自卑，谓损弱胜强也。（今36）

5. 有形之类，大必起于小；行久之物，族必起于少，故曰"天下之难事必作于易，天下之大事必作于细"，是以欲制物者于其细也，故曰"图难于其易也，为大于其细也"。千丈之堤，以蝼蚁之穴溃；百尺之室，以突隙之（烟）〔熛〕焚。故曰：白圭

之行堤也塞其穴，丈人之慎火也涂其隙。是以白圭无水难，丈人无火患。此皆慎易以避难，敬细以远大者也。扁鹊见蔡桓公，立有间，扁鹊曰："君有疾在腠理，不治将恐深。"桓侯曰："寡人无〔疾〕。"扁鹊出，桓侯曰："医之好治不病以为功。"居十日，扁鹊复见曰："君之病在肌肤，不治将益深。"桓侯不应。扁鹊出，桓侯又不悦。居十日，扁鹊复见曰："君之病在肠胃，不治将益深。"桓侯又不应。扁鹊〔出〕，桓侯又不悦。居十日，扁鹊望桓侯而还走，桓侯故使人问之。扁鹊曰："疾在腠理，汤熨之所及〔也〕；在肌肤，针石之所及也；在肠胃，火齐之所及也；在骨髓，司命之所属，无奈何也。今在骨髓，臣是以无请也。"居五日，桓侯体痛，使人索扁鹊，已逃秦矣。桓侯遂死。故良医之治病也，攻之于腠理，此皆争之于小者也。夫事之祸福亦有腠理之地，故圣人蚤从事焉。（今63）

6. 昔晋公子重耳出亡，过郑，郑君不礼。叔瞻谏曰："此贤公子也，君厚待之，可以积德。"郑君不听。叔瞻又谏曰："不厚待之，不若杀之，无令有后患。"郑君又不听。及公子返晋邦，举兵伐郑，大破之，取八城焉。晋献公以垂棘之璧假道于虞而伐虢，大夫宫之奇谏曰："不可。唇亡而齿寒，虞、虢相救，非相德也。今日晋灭虢，

明日虞必随之亡。"虞君不听，受其璧而假之道。晋已取虢，还，反灭虞。此二臣者，皆争于腠理者也，而二君不用也。然则叔瞻、宫之奇亦虞、郑之扁鹊也，而二君不听，故郑以破，虞以亡，故曰"<u>其安，易持也。其未兆，易谋也</u>"。（今64）

7. 昔者纣为象箸，而箕子怖。以为象箸，必不加于土铏，必将犀玉之杯；象箸玉杯，必不羹菽藿，必旄象豹胎；旄象豹胎，必不衣短褐而食于茅屋之下，则锦衣九重，广室高台。吾畏其卒，故怖其始。居五年，纣为肉圃，设炮烙，登糟丘，临酒池，纣遂以亡。故箕子见象箸以知天下之祸，故曰"<u>见小曰明</u>"。（今52）

8. 句践入宦于吴，身执干戈为吴王洗马，故能杀夫差于姑苏。文王见詈于（王）〔玉〕门，颜色不变，而武王擒纣于牧野，故曰"<u>守柔曰强</u>"。越王之霸也不病宦，武王之王也不病詈，故曰"<u>圣人之不病也，以其不病，是以无病也</u>"。（今71）

9. 宋之鄙人得璞玉而献之子罕，子罕不受。鄙人曰："此宝也，宜为君子器，不宜为细人用。"子罕曰："尔以玉为宝，我以不受子玉为宝。"是以鄙人欲玉，而子罕不欲玉，故曰"<u>欲不欲，而不贵难得之</u>

货"。(今3)

10. 王寿负书而行,见徐冯于周。(塗)〔徐〕冯曰:"事者为也,为生于时,知者无常事。书者言也,言生于知,知者不藏书。今子何独负之而行?"于是王寿因焚书而儛(舞)之。故知者不以言谈教,而慧者不以藏书箧,此世之所过也,而王寿复之,是学不学也,故曰"<u>学不学,复归众人之所过也</u>"。

夫物有常容,因乘以导之,因随物之容,故静则建乎德,动则顺乎道。宋人有为其君以象为楮叶者,三年而成。丰杀茎柯,毫芒繁泽,乱之楮叶之中而不可别也。此人遂以功食禄于宋邦。列子闻之曰:"使天地三年而成一叶,则物之有叶者寡矣。"故不乘天地之资而载一人之身,不随道理之数而学一人〔之〕智,此皆一叶之行也。故冬耕之稼,后稷不能羡也;丰年大禾,臧获不能恶也。以一人力,则后稷不足;随自然,则臧获有余,故曰"<u>恃万物之自然,而不敢为也</u>"。(今64)

11. 空窍者,神明之户牖也。耳目竭于声色,精神竭于外貌,故中无主。中无主,则祸福虽如丘山,无从识之,故曰"<u>不出于户,可以知天下;不窥于牖,可以知天道</u>"。此言神明之不离其实也。

赵襄主学御王(子)〔于〕期,俄而与于期逐,三易马而三后。襄主曰:"子之教我御,术未尽也?"对曰:"术已尽,用之则过也。凡御之所贵:马体安于车,人心调于马,而后可以进速致远。今君后则欲逮臣,先则恐逮于臣。夫诱道争远,非先则后也,而先后心在于臣,上何以调于马?此君之所以后也。"

白公胜虑乱,罢朝,倒杖而策锐贯颐,血流至于地而不知。郑人闻之曰:"颐之忘,将何(为)〔不〕忘哉!"故曰"<u>其出弥远者,其智弥少</u>"。此言智周乎远,则所遗在近也。是以圣人无常行也。能并智,故曰"<u>不行而知</u>"。能并视,故曰"<u>不见而明</u>"。随时以举事,因资而立功,用万物之能而获利其上,故曰"<u>不为而成</u>"。(今47)

12. 楚庄王莅政三年,无令发,无政为也。右司马御座,而与王隐曰:"有鸟止南方之阜,三年不翅,不飞不鸣,嘿然无声,此为何名?"王曰:"三年不翅,将以(观)长羽翼;不飞不鸣,将以观民则。虽无飞,飞必冲天;虽无鸣,鸣必惊人。子释之,不谷知之矣。"处半年,乃自听政。所废者十,所起者九,诛大臣五,举处士六,而邦大治。举兵诛齐,败之徐州,胜晋于河雍,合诸侯于宋,遂霸天下。庄王不为小害善,故有大名;不蚤见示,故有大功,故曰

"大器晚成，大音希声"。(今41)

13. 楚庄王欲伐越，(杜)〔庄〕子谏曰："王之伐越，何也？"曰："政乱兵弱。"(杜)〔庄〕子曰："臣（愚）患（之智）〔智之〕如目也，能见百步之外，而不能自见其睫。王之兵自败于秦、晋，丧地数百里，此兵之弱也；庄（蹻）跻为盗于境内，而吏不能禁，此政之乱也。王之弱乱，非越之下也，〔而〕欲伐越，此智之如目也。"王乃止。故知之难，不在见人，在自见，故曰"自见之谓明"。

子夏见曾子。曾子曰："何肥也？"对曰："战胜，故肥也。"曾子曰："何谓也？"子夏曰："吾入见先王之义则荣之，出见富贵之乐又荣之，两者战于胸中，未知胜负，故臞。今先王之义胜，故肥。"是以志之难也，不在胜人，在自胜也，故曰"自胜之谓强"。(今33)

14. 周有玉版，纣令胶鬲索之，文王不予；费仲来求，因予之。是胶鬲贤而费仲无道也。周恶贤者之得志也，故予费仲。文王举太公于渭滨者，贵之也；而资费仲玉版者，是爱之也，故曰"不贵其师，不爱其资，虽知大迷，是谓要妙"。(今27)